한국관광학회
The Tourism Sciences Society of Korea

대한불교 조계종 한국불교문화사업단
Cultural Corps of Korean Buddhism

2025년 템플스테이·사찰음식
논문공모전 9.1-10.31

참가기준

참가 자격 일반인, 대학(원)생, 연구자(내국인, 외국인), 템플스테이와 사찰음식에 관심있는 자

공모 부문 템플스테이·사찰음식

논문 주제 템플스테이와 사찰음식을 중심으로 한 불교문화의 현대적 가치와 정신·관광 자원으로서의 지속가능성 탐색 관련 자유 주제

참가 형태 개인 또는 팀(공동연구는 최대 4인까지 허용)

참가 방법 논문 및 관련 양식 작성해서 이메일(tosok.kbc@gmail.com)제출

진행 방법 논문 제출 후
(1차) 서면심사
(2차) 발표심사를 통해 최종 선정

추진일정

사전접수 8월 31일까지 → 논문접수 9월 1일 ~10월 31일 → 1차심사 결과발표 11월 2주(11/9) → 본선 발표 및 우수논문 시상식 11월 3주(11/21)

논문시상

구 분	주제 부문별 시상 수		시상금	시상금 합계
	템플스테이	사찰음식		
대상	1팀	1팀	300만원	600만원
최우수상	1팀	1팀	150만원	300만원
우수상	3팀	3팀	80만원	480만원

※ 수상 기준 미달 시 수상자가 없을 수 있으며, 시상 내역이 달라질 수 있음
※ 공모한 논문을 학술지에 게재 시 논문게재 확인서를 한국불교문화사업단에 제출해야 함
한국불교문화사업단 기획팀 : 02-2031-2026

접수·문의 한국관광학회, 2025템플스테이·사찰음식 논문공모전 운영팀
이메일 : tosok.kbc@gmail.com

한국관광학회 한국불교문화사업단

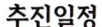

"우리가 사는 우주는 《반야심경》의 세계관이다!"

현대 과학과 고대 경전의 만남,
지금 우리에게 필요한 지혜가 별처럼 쏟아진다!

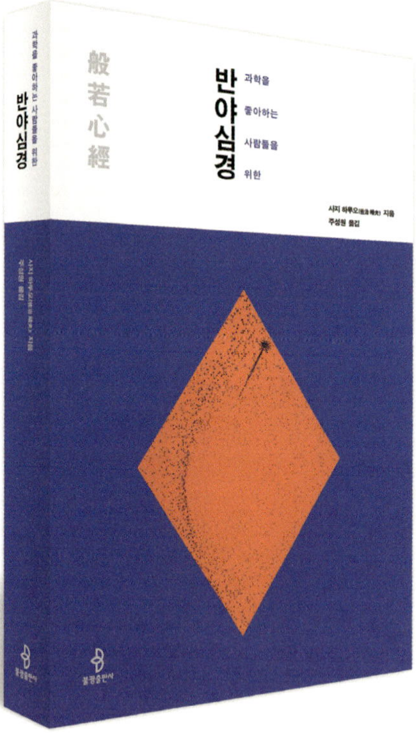

NASA
우주 프로젝트에 참여한
천체물리학자가 찾은
평온한 삶의 공식!

과학을 좋아하는 사람들을 위한 반야심경

사지 하루오 지음 | 주성원 옮김
240쪽 | 18,000원

과학적 사유로 풀어낸《반야심경》은
삶의 본질을 밝혀주며 별빛 같은 지혜를 건넨다!

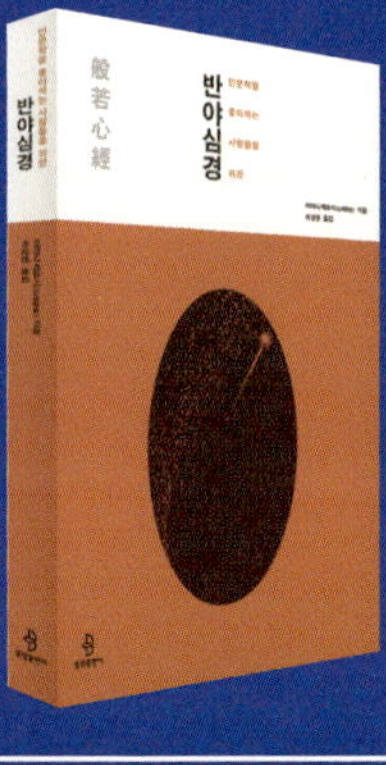

"붓다가 찾았던 것은 철학도 학문도 아닌 행복의 노하우였다"

그 누구보다 치열하고 깊게 삶을 고민했던 사람, 붓다!
인류 최고의 고전《반야심경》에는 자신을 온전히 사랑하는 법,
모든 순간을 자유롭고 행복하게 살아가는 노하우가 담겨 있다.

인문학을 좋아하는 사람들을 위한 반야심경 야마나 테츠시 지음 | 최성현 옮김 | 176쪽 | 14,000원

불광출판사 전화 02) 420-3200 | www.bulkwang.co.kr | 불광미디어

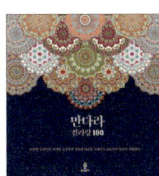

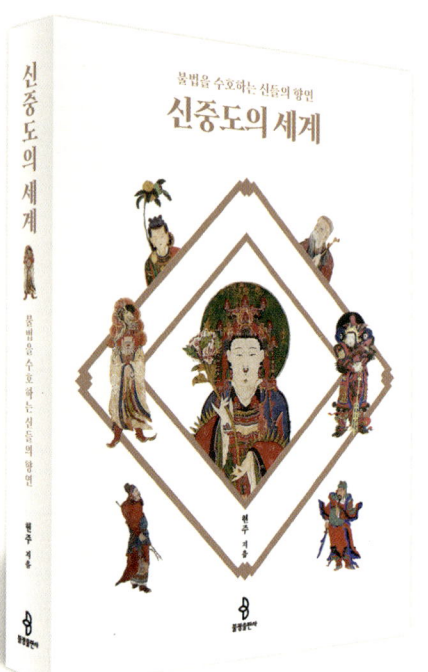

죽음은 무엇인가? 윤회는 정말 있는 것일까?

나는 죽으면 어떻게 될까?

객관적으로 검증된 임사 체험자, 전생 기억자의 경험을 바탕으로
사후 세계와 윤회의 문제를 물리학적으로 고찰하다!

사후 세계와 윤회에 대한
물리학적 고찰

과학이 주목하는 죽음 이후의 일들

김성구 지음
384쪽 | 23,000원

수천 년 동안 인류는 죽음과 윤회에 대해 끊임없이 질문해 왔다. 마침내 과학이 이 오랜 물음에 응답하고 있다. 『과학이 주목하는 죽음 이후의 일들』은 양자 역학과 상대성 이론의 관점으로 윤회의 가능성을 탐색한다. 존재와 세계에 대한 현대 물리학의 이해가 불교의 무아 윤회와 닮은 점이 있다는 데 주목한 것이다. 그리고 이러한 접점에 근거하여 죽음과 윤회가 우리 삶에 어떤 의미를 남기는지, 과학과 불교의 언어로 해석한다.

과학과 불교, 두 세계를 잇는
물리학자 김성구 교수의 책

아인슈타인의 우주적 종교와 불교

408쪽 | 23,000원

고전물리학의 틀을 깨고 탄생한 양자 역학, 불교에 길을 묻다!

현대 물리학의 최전선인 양자 역학 이론과 불교의 연기(緣起), 공(空) 사상의 비교로 왜 불교가 우주적 종교이며 미래의 종교가 될 수 있는지 세세하게 검증한다.

불광출판사 전화 02) 420-3200 | www.bulkwang.co.kr | 불광미디어

깨닫다
혜능과 육조단경

012 태고총림 선암사에 나투신
서른세 명의 조사 글. 김남수 사진. 태고총림 선암사 제공

022 혜능의 수행과 깨달음
혜능의 돈오(頓悟)와 무수무증(無修無證) 글. 김진무

036 홍인에서 혜능으로
선종(禪宗)의 인가와 전법 글. 월조 효신 스님

052 『육조단경』의 심(心)
혜능의 자성법문(自性法門) 글. 김호귀

066 육조 혜능 스님의 바라밀 법문
"마하반야바라밀을 염하라" 글. 광덕 스님

072 중국 선종의 33조사 글. 김남수

078 『단경』의 현대적 가르침
이 세상은 곧 자성(自性)의 드러남,
근원인 자성으로 무차별을 깨우치다 글. 강지언

092 혜능 돈오선(頓悟禪)의 전개
혜능 선(禪)의 전개:
본래성(本來性)과 현실태의 긴장과 모순 글. 오용석

불광
Monthly Magazine
2025 09 | vol. 611
www.bulkwang.co.kr

발행인	지홍	54-jihong@hanmail.net
편집인	류지호	sunflower6472@hanmail.net
편집주간	김남수	nskim6861@hanmail.net
사진	유동영	podosy@naver.com
에디터	송희원	ruread@naver.com
	하다해	oceanalot@gmail.com
마케팅·광고	이유리	sdbfly@naver.com
SNS	류지수	jigu_0123@naver.com
디자인	쿠담디자인	koodamm@naver.com
영상콘텐츠	유권준	reamont@naver.com
	김대우	mindtemple@gmail.com
	김희준	fr79@naver.com
총무부장	윤정안	ja2718@hanmail.net
제작국장	김명환	heaan70@hanmail.net
인쇄·출력	(주)테라북스	
종이	한솔 pns	

●
표지설명
중국 선종의 여섯 번째 조사로 추앙받는 혜능 스님 진영.
하동 쌍계사 육조정상탑전(六祖頂相塔殿)에 모셔져 있다.
사진 유동영.

108 유적 따라 살피는 혜능대사 글. 김남수 사진. 구광국(아제여행사 대표)

112 도의선사와 가지산문
해동으로 건너온 조계의 법 글. 동욱 스님

124 골라 읽는 『육조단경』 해설서 글. 하다해

128 불광초대석
"'K-신중(神衆)' 잘 삐지지만, 함께 수행하는 도반이자 선배"
-『신중도의 세계』 출간한 현주 스님 글. 송희원 사진. 유동영

140 그림 속에서 찾은 사성제 이야기
"나는 흑인 예술가가 아니라, 예술가다" - 장 미셸 바스키아 글. 보일 스님

148 불광산책 글. 하다해

154 불광서재

159 구독 및 후원 안내

「불광」 통권 611호 2025년 9월 1일 발행
1974년 9월 5일 등록 종로 라-00271호
정가 12,000원, 1년 정기구독료 144,000원

주식회사 불광미디어
주소 서울시 종로구 사직로10길 17, 301호
전화 02-420-3200 팩스 02-420-3400
광고문의 02-420-3200

「불광」은 한국간행물윤리위원회의 도서잡지
윤리강령 및 잡지윤리 실천요강을 준수합니다.

www.bulkwang.co.kr
youtube.com/c/bulkwangc
facebook.com/m.bulkwang
@monthly_bulkwang
네이버에서 **'월간불광 스마트스토어'** 검색

깨닫다

혜능과 육조단경

〈일러두기〉

1. 『육조단경』은 『단경』, 혹은 『법보단경』이라 불리기도 합니다. 본문에서는 모두 같은 『육조단경』을 의미합니다. 다만 『육조단경』은 여러 종류(판본)가 있습니다. 필요한 경우 판본을 기명했습니다. 『육조단경』은 혜능의 가르침을 적은 것이지만, 실제 저자가 누구인지는 여러 의견이 있습니다.

2. 혜능은 홍인 스님에게 인가를 받았지만, 한참 후에 삭발했습니다. 그리고 한자 이름도 '惠能', '慧能' 제각각입니다. 본문에서는 필자의 표기를 우선했습니다.

중국 선종의 6조로 추앙받는 혜능대사의 법문을 기록한 책이 『육조단경』이다. 선사(禪師)들의 말씀을 기록한 책을 흔히 선어록이라 부르는데, 『육조단경』만큼은 경전의 권위에 의지해 '경'이라는 이름이 붙었다. 선종에서 차지하는 위치를 보여준다.
『육조단경』을 돈교(頓敎)의 가르침이라 한다. 돈(頓)은 '단박에', '몰록', 혹은 '한 번에' 등 여러 단어로 해석된다. 비슷한 말로 '언하의 큰 깨달음(언하대오言下大悟)'으로 표현한다. '말끝에서 깨닫는다', '말을 듣자마자 깨닫는다'로 해석할 수 있는데, 후대에 공안(公安)으로 정리된다.

돈과 대비되는 단어가 점(漸)이다. 점차적인 수행을 이야기한다. 석가모니 부처님은 전생에 수많은 억겁의 수행을 거쳐 깨달음을 얻었고, 유식불교의 요가수행자들은 3아승지겁이라는 기나긴 시간을 수행해야만 한다고 한다. 그렇지만 선종의 조사(祖師)들은 '말끝의 깨달음', '단번의 깨달음'을 강조한다. 어떻게 그것이 가능할까?

선종의 조사들은 "자신의 본래 성품(자성自性)을 보라"라고 말한다. 이것을 견성(見性)이라 표현한다. 인도불교에서 가장 금기시하는 단어가 자성(自性)이다. 모든 법에 실체 없음(무자성無自性)을 누누이 강조하는데, 선종에서는 과감히 긍정한다. 이러한 것을 우리는 (마음의) 혁명이라 부른다. 모두 『육조단경』 이후에 벌어진 일이다.
'마음에 있는 티끌과 먼지를 털 것'인지, '마음에는 본디 티끌과 먼지가 앉을 자리가 없는 것'인지. 자신의 성품이 어떤 모양인지 알아보자.

태고총림 선암사에 나투신 서른세 명의 조사

글. 김남수
사진. 태고총림 선암사 제공

'한국불교태고종'은 태고 보우(太古普愚, 1301~1382) 스님을 종조(宗祖)로 삼고 있다. 중국 선종(禪宗)의 일파인 임제종으로부터 이어진 간화선(看話禪)을 우리나라에 정착시킨 분이다.

태고종의 총림(叢林)인 태고총림 선암사는 순천 조계산 자락에 있다. 조계산(曹溪山)이라는 이름부터가 혜능 스님으로부터 비롯한다. 혜능 스님이 37년간 머물던 동네 이름이 바로 조계(曹溪)다. 선암사는 '산사, 한국의 산지승원'으로 유네스코 세계문화유산으로 지정됐으며, 한국에서 가장 아름다운 절 중 하나로 손꼽힌다.

태고총림 선암사에는 중국 선종의 33명의 조사를 그린 〈33조사도(三十三 祖師圖)〉(보물)가 있다. 석가모니 부처님의 직계 제자인 마하가섭으로부터 시작해 중국 선종의 6조 혜능 스님까지 모셔져 있다.

우리나라에서 33명의 조사를 모신 그림은 유일하게 선암사에만 남아 있다. 본디 11폭의 그림이었지만, 현재는 7폭의 그림만 전한다. 33명의 조사 각 인물의 특징을 그렸는데, 은기(隱奇) 스님을 비롯한 5명의 스님이 1753년 조성했다.

석가모니 부처님을 가운데로 제1 마하가섭(摩訶迦葉)존자(부처님의 왼쪽)와 제2 아난다(阿難陀)존자가 서 있다.
중국 선종에서 조사(祖師)는 부처님을 제외하고 마하가섭존자로부터 시작된다. 아난다존자는 2조로 추대된다.

오른쪽부터 제16 라후라다(羅睺羅多)존자, 제18 가야사다(伽耶舍多)존자, 제20 사야다(闍夜多)존자.

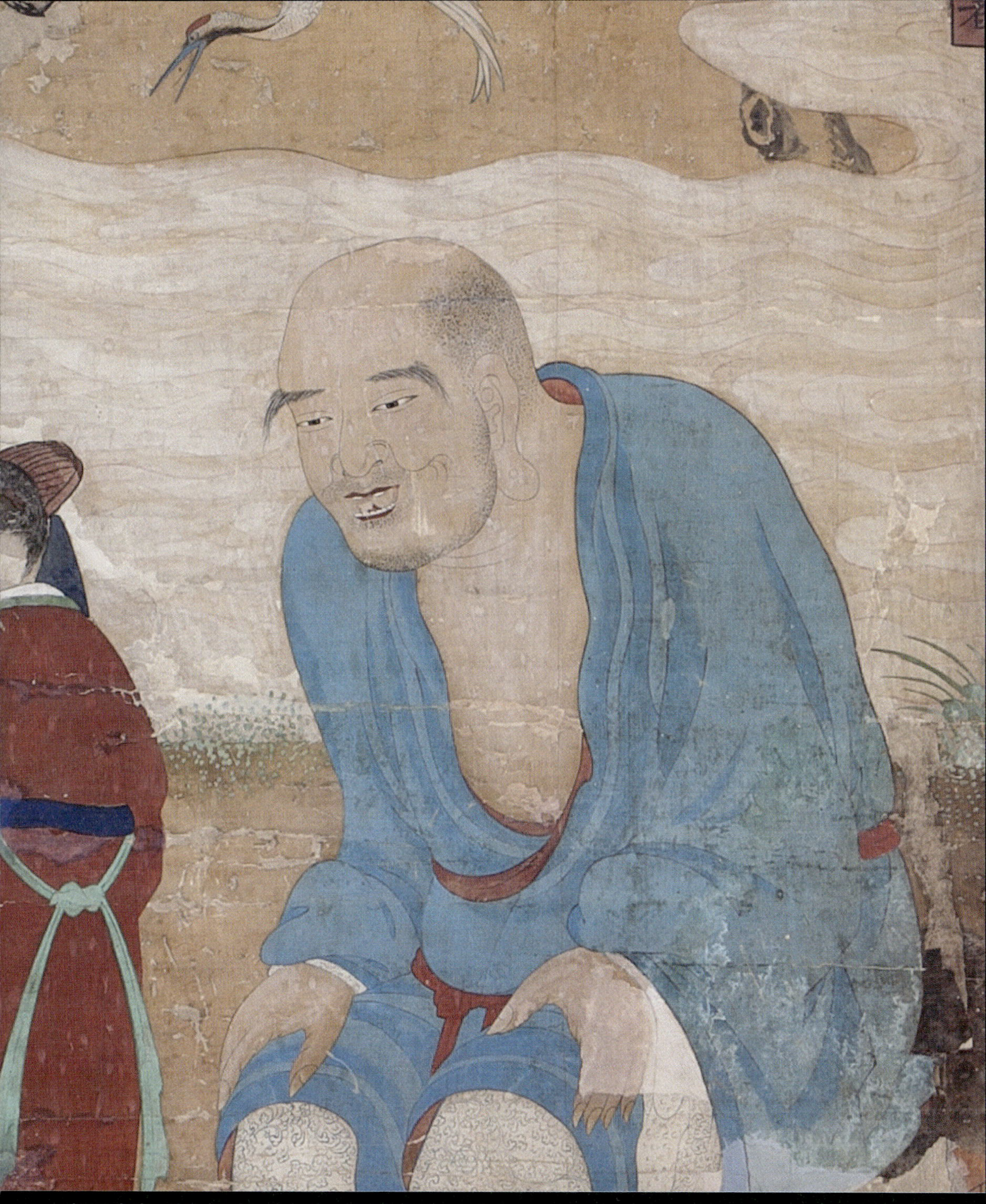

왼쪽부터 제23 학륵나(鶴勒那)존자, 제25 바사사다(婆舍斯多)존자.

왼쪽부터 제27 반야다라(般若多羅)존자, 제28 보리달마(菩提達摩)존자, 제29 혜가(慧可)존자, 승찬(僧璨)대사다.
달마 스님은 중국 선종의 1대 조사로 정착된다.

왼쪽부터 제31 도신(道信)대사, 제32 홍인(弘忍)대사, 제33 혜능(慧能)대사 모습.

혜능의 돈오(頓悟)와 무수무증(無修無證)

혜능의 수행과 깨달음

특집. 깨닫다 – 혜능과 육조단경

글. 김진무

혜능의 '육조 혁명'

중국불교에서는 『육조단경』을 선종(禪宗)의 완성을 알리는 표지(標識)로 설정하고 있으며, 또한 조사선(祖師禪)의 종전(宗典, 종파에서 의지하는 경전)으로 받들고 있다. 그것은 '단경(壇經)'이라는 명칭에 중대한 의미가 있기 때문이다.

일반적으로 '경(經)'은 '부처님의 말씀'을 의미한다. 『육조단경』은 '육조(六祖)', 즉 혜능선사의 법어집이지만 '경'으로 칭하니, '혜능선사'가 바로 '부처'라는 의미다. 또한 '단(壇)'은 바로 수계의식을 거행하는 장소인 '계단(戒壇)'을 뜻하므로, 독자적인 수계 체제를 갖춘 새로운 종단이 나타났음을 상징한다. 이로부터 의미를 확장한다면, 인도로부터 발생해 전해진 불교가 드디어 나타난 중국인의 '부처'를 통해 새로운 교의 체계로서 민중을 제도한다는 의도가 책의 제목에 담긴 것이다.

그러므로 중국에서는 혜능(慧能)으로부터 시작된 조사선을 흔히 '육조 혁명'이라고 칭한다. 본래 불교에서는 한 겁(劫)에 하나의 부처님이 출현해 법주(法主)의 지위에 오른다는 일겁일불(一劫一佛)의 원칙을 견지하고 있다. 그러므로 현재 사바(娑婆)의 겁에서는 석가모니불을 법주로 받들어 늘 "시아본사(是我本師), 석가모니불(釋迦牟尼佛)"이라고 염송한다. 이러한 견지에서 본다면, '단경'의 칭명법은 다분히 혁명적인 의미를 내포하고 있음이 명확하다. 물론 『육조단경』에 혜능이 부처라는 직접적인 언급은 어디에도 없는 것도 사실이다.

이렇게 혜능의 법어집인 『육조단경』은 제목과 사상에 있어서 가히 혁명적이라 하겠다. 그렇다면 『단경』에서 제시하는 사상적 특질은 무엇일까? 이를 상세히 논하는 것은 몇 권의 책으로 논술해도 모자라겠지만, 그 핵심적인 부분을 지적한다면, 바로 돈오(頓悟)와 그로부터 제시되는 무념(無念)·무상(無相)·무주(無住)의 수행론이라 하겠다. 그에 따라 돈황본(敦煌本)『육조단경』에 나타난 돈오와 수행론을 최대한 간략하게 살펴보고자 한다.

자성청정심(自性清淨心)

『단경』에서 제창하는 불성(佛性)은 기존의 불교, 예를 들어 천태종(天台宗)이나 화엄종(華嚴宗) 등에서 설정하는 것과 전혀 다른 사상으로 전개된다. 중국불교에서는 대부분 여래장(如來藏, 모든 중생에게 숨겨져 있는 여래의 성품) 사상의 자성청정심(自性清淨心)을 인정해 중생이 모두 그러한 불성을 지니고 있지만, 번뇌에 오염돼 그 불성을 드러내지 못한다고 하는 '심성본정(心性本淨), 객진소염(客塵所染)'의 사상을 개진하고 있다. 그렇지만 『단경』에서는 그러한 틀을 부순다.

『단경』에서는 이를 신수(神秀)와 혜능의 게송을 대비시켜 제시하고 있다. 『단경』에 보이는 신수의 게송은 다음과 같다.

"몸은 보리수요, (신시보리수身是菩提樹)
마음은 명경대와 같으니, (심여명경대心如明鏡臺)
때때로 부지런히 털고 닦아서 (시시근불식時時勤拂拭)
티끌과 먼지가 있지 않게 하라." (막사유진애莫使有塵埃)

이러한 신수의 게송은 가장 전형적인 '심성본정, 객진소염'의 틀에서 나온 것이라고 할 수 있다. 본래 우리는 청정한 불성을 지니고 있으므로 그를 오염시키는 티끌과 먼지, 즉 객진 번뇌로 오염된 부분을 제거한다면 불성을 얻을 수 있다는 논리라고 하겠다. 이에 대한 혜능의 게송은 다음과 같다.

"보리는 본래 나무가 없으며, (보리본무수菩提本無樹)
밝은 거울도 그 받침이 없는 것. (명경역무대明鏡亦無臺)
불성은 항상 청정한데, (불성상청정佛性常清淨)
어디에 티끌과 먼지가 있겠는가? (하처유진애何處有塵埃)

마음은 보리수이고, (심시보리수心是菩提樹)
몸은 명경대이다. (신위명경대身爲明鏡臺)
밝은 거울은 본래 청정한데, (명경본청정明鏡本淸淨)
어디에 티끌과 먼지로 물들겠는가?" (하처염진애何處染塵埃)

이는 신수의 게송과는 근본적으로 다른 입장이다. 여기에서의 '밝은 거울'은 당연히 '자성청정심'을 상징하고 있는데, 만약 자성청정심이 참다운 불성이라면 거기에 어떻게 티끌이나 먼지 등의 객진 번뇌가 붙을 수 있는가 하는 논리다. 다시 말해 참다운 불성에 객진 번뇌가 붙을 수 있다면, 그것은 결코 참다운 불성일 수 없는 것이고, 절대로 완전하지 않다는 말이다. 이러한 입장은 바로 반야(般若)의 논리에 입각한 것이라 할 수 있다.

불교에서는 중생들이 근본적인 무명(無明)으로 인해 끊임없는 윤회의 괴로움을 받게 된다고 한다. 그래서 십이연기(十二緣起)를 법으로 밝히고, 연기법을 순역(順逆)으로 정관(正觀)할 수 있다면 진리의 세계인 명(明)에 증입해 윤회에서 벗어날 수 있음을 제시하고 있다. 그런데 『잡아함경(雜阿含經)』에서는 "세간(世間)의 집기(集起)를 여실하게 바르게 관찰한다면, 바로 세간이 있다(유有)는 견해를 일으킬 수 없고, 세간의 멸(滅)을 여실하게 바르게 관찰한다면, 세간이 없다(무無)는 견해를 일으킬 수 없다. 여래는 이 (유와 무의) 이변(二邊)을 떠나서 중도(中道)에서 설한다"라며 그 유명한 '중도'를 선언한다.

더 나아가 반야법에서는 이 비유(非有)와 비무(非無)의 중도를 더욱 철저하게 전개한다. 반야의 입장에서는 진리의 세계와 세간의 세계가 결코 분리돼 있지 않음을 철저하게 강조하고 있으며, 이는 바로 '비유비무의 중도 체계'로부터 나왔다고 할 수 있다. 엄밀하게 논하자면 반야라는 개념은 연기된 제법에 스스로 존재할 수 있는 자성(自性)이 없음을 여실하게 아는 것으로 흔히 지혜(智慧)라고 한다. 그러나 그러한 반야지(般若智)를 통해 바라밀(波羅密), 즉 피안(彼岸)에 도달함을 목적으로 하고 있는데, 피안은 결국 자성을 완성한다는 의미다. 따라서 반야법은 연기된 세계에 자성이 없음을 철저하게 깨달아 자성을 찾으라는 논리로 귀결된다고 하겠다.

이러한 관점에서 본다면, 앞에서 언급한 혜능의 게송은 바로 자성을 찾은 경지, 즉 견성(見性)의 입장에서 설한 것이라 하겠다. 이처럼 『단경』에서는 불성에 대해 기존의 불교와는 전혀 다른 견해를 전개하고 있다.

돈황본 『단경』에서는 불성을 다음과 같이 설한다.

> **"부처(불佛)는 자성(自性)이니, 결코 자신(自身)의 밖에서 구하지 말라. '자성'에 어리석으면, 부처도 바로 중생이요, '자성'을 깨달으면 중생이 바로 부처이다.**
> **경전에서 다만 자신의 부처(자불自佛)에 귀의함을 말하고, 남의 부처(타불他佛)에 귀의함을 말하지 않았다. '자성'에 귀의하지 않으면, 귀의할 바가 없다."**

이로부터 명확하게 '불(佛)'을 '자성'으로 설정하고 있는데, 이는 앞에서 언급한 바와 같이 반야에 따른 당연한 귀결이다. 나아가 그 자성의 소재를 명확하게 자기 자신에 있음을 밝히고 있다. 이렇게 불성을 자성으로 규정하고, 다시 다음과 같이 설한다.

> **"'자심(自心)'이 중생임을 알고,**
> **'자심'이 '불성(佛性)'임을 보라.**
> **삼세(三世)의 제불(諸佛)과 십이부경(十二部經)이 모두**
> **인성(人性) 가운데 갖추고 있다.**
> **'세상 사람들의 성품(세인성世人性)'은 본래 스스로**
> **청정한 것으로, 만법이 '자성'에 있다."**

이러한 문구로부터 불성을 자성으로 규정하고, 나아가 그를 다시 '자심', '인성', 그리고 우리가 늘 부딪치는 '세상 사람들의 성품'으로 확대하고 있

중국 선종의 여섯 번째 조사로 추앙받는 혜능 스님 진영. 하동 쌍계사 육조정상탑전(六祖頂相塔殿)에 모셔져 있다. 사진 유동영.

음을 여실하게 볼 수 있다. 이러한 불성의 규정은 파격을 넘어서 그대로 '혁명'적인 전환이라고 볼 수 있다. 일반적인 불교에서는 인간을 객진 번뇌에 매몰돼 세세생생 윤회하는 중생의 범주로 규정하고, 그를 벗어나야 함을 강조하고 있기 때문이다.

'돈오(頓悟)'와 '점오(漸悟)'

그렇다면 『단경』에서 이렇게 논할 수 있는 근거는 무엇일까? 그것은 바로 '돈오'라고 할 수 있는데, 『단경』에서는 다음과 같이 설한다.

> **"불법에는 돈(頓)·점(漸)이 없지만, 사람에게는 예리함(이利)과 둔함(둔鈍)이 있다. 어리석으면 '점'을 권하고, 깨달은 사람은 돈수(頓修)한다. 자신의 본심을 안다면 본성(本性)을 보는 것이고, 깨닫는다면 바로 차별이 없지만, 깨닫지 못한다면 기나긴 겁(劫)에 윤회(輪迴)한다."**

여기에서 『단경』은 돈오와 점오(漸悟)를 모두 인정하는 것처럼 보이지만, 문구를 세심하게 살핀다면 오직 돈오만을 강조하고 있음을 알 수 있다. 특히 『단경』의 후반부에서 "돈오(頓悟) 교법(教法)이 후대에 유행하게 하여 도를 배우는 이들에게 보리(菩提)를 '돈오'하게 하고, 각자 마음을 관(觀)하여 자신의 본성을 '돈오'하게 하라"라고 부촉하는 구절이 보인다.

그렇다면 돈오는 과연 어떤 개념인가? 돈오의 개념을 상세히 논하는 것도 복잡한 일이지만, 반야학을 통해 최초로 돈오를 제창한 도생(道生)은 다음과 같이 정의한다.

> **"'돈(頓)'이라 하는 것은, '리'를 나눌 수 없음(이불가분理不可分)을 밝힌 것이고, '오(悟)'는 지극히 비춤(극조極照)을 말한다. 불이(不二)의 깨달음으로 나눌 수 없는 '리'에 부합하는 것이다. 이치(이理)와 지혜(지智)가 함께 희석됨을 '돈오'라**

어느 날 5조 홍인이 방아를 찧고 있는 혜능에게 들러 묻는다. "쌀은 다 찧었느냐?" 혜능이 대답한다. "쌀은 오래전 다 찧었는데, 아직 키질을 못하고 있습니다." 홍인 스님은 지팡이로 방아를 세 번 내려치고는 자리를 떠났다. 5조 홍인으로부터 6조 혜능에게 법이 이어지는 순간이다. 해인사 벽화. 사진 유동영.

고 한다."

"이치와 지혜가 함께 희석됨"이라는 구절에서의 '이치'는 바로 우리가 접하는 모든 대상을 의미하는 것이니 불교학적으로 소(所)라고 할 수 있고, '지혜'는 그를 주관하는 '나'를 뜻하니 능(能)이라고 할 수 있으니, 나와 우리가 인식하는 모든 경계, 즉 능소(能所)가 둘이 아닌 상태로 희석됨을 말한다. 예를 들자면 설탕과 물이 희석돼 설탕물이 된 것같이 나와 법계가 '무이(無二)'의 상태에 도달해 깨달음 얻음을 의미한다.

이러한 돈오는 수행이나 교학의 단계를 거쳐서는 결코 도달할 수 없다. 만약 무엇인가 배우거나 수행하려고 한다면 필연적으로 배우려는 주체, 즉 '능'이 현현해야 하고, 그렇다면 당연히 배우는 대상인 '소'가 현현되기 때문이다. 따라서 이러한 돈오에서 단계적인 '점오'는 결코 궁극적인 깨달음에 도달할 수 없다는 결론에 이르게 된다.

그렇다면 기존의 불교에서 제창하는 수행론과는 전혀 다른 수행이 제시돼야 할 것이다. 그에 따라 『단경』에서는 다음과 같이 설한다.

"선지식아, 나의 이 법문(法門)은 위로부터 전하여 온 것으로 돈점(頓漸) 모두 무념(無念)으로 종(宗)을 삼고, 무상(無相)으로 체(體)를 삼으며, 무주(無住)로 본(本)을 삼는다."

이로부터 혜능이 제창하는 선법의 '종·체·본'이 '무념·무상·무주'임을 밝히고 있음을 알 수 있으며, 흔히 이를 '삼무(三無)'라고 칭한다. 『단경』에서는 이에 대하여 상세히 설하고 있지만, 여기에서는 가장 핵심적인 부분만을 살펴보고자 한다.

돈오에 이르는 '무념(無念)·무상(無相)·무주(無住)'

'무념'에 대해 "무념이란 생각함(념念)에 있어서 생각하지 않는 것(불념不念)이다"라고 설한다. 이는 생각을 부정하는 것이 아니라 생각하되 어떠

김홍도, 〈혜능상매도(慧能賞梅圖)〉.
매화꽃이 만발한 곳에서 혜능이 깊은 삼매에 들어 있다. 국립중앙박물관 소장.

한 점을 생각하지 않는다는 말이다. 보다 구체적으로 "없다(無)는 것은 무엇이 없다는 것인가? 생각한다(念)는 것은 무엇을 생각한다는 것인가? 없다는 것은 이상(二相)의 모든 번뇌에 치달림(제진로諸塵勞)을 떠난 것이고, 생각은 진여본성(眞如本性)을 생각하는 것이다"라고 설명한다. 이로부터 『단경』에서는 진리의 세계를 추구하는 것도 세속의 생활도 모두 번뇌에 치달리는 것으로 보며, 다만 '진여본성'을 생각해야 함을 '무념'이라고 규정하고 있음을 알 수 있다.

"무상이란 상에 있어서 상을 떠난 것이다"라고 하여 '무념'과 마찬가지로 두 가지로 볼 수 있다. 하나는 집착의 대상으로서의 '상'과 '실상무상'으로서의 '상', 즉 『단경』에서 논하는 진여본성을 말하는데 당연히 집착의 대상으로서의 상이 없어야 한다는 것이다.

또한 '무상'에 대해서도 "무상이란 상(相)에 있어서 상을 떠난 것이다"라고 하여 '무념'과 마찬가지로 두 가지로 볼 수 있다. 하나는 집착의 대상으로서의 '상(相)'과 '실상무상(實相無相)'으로서의 '상', 즉 『단경』에서 논하는 진여본성(眞如本性)을 말하는데 당연히 집착의 대상으로서의 상이 없어야 한다는 것이다.

'무주'에 대해서는 "'무주'는 사람의 본성(本性)이 됨이다. 염념(念念)에 머물지 않고, 전념(前念)·금념(今念)·후념(後念)이 염념에 상속(相續)해 단절이 없는 것이다. 만약 일념(一念)에 단절(斷絶)이 있다면, 법신(法身)은 곧 색신(色身)을 떠나게 된다. 염념 가운데 일체법에 머묾이 없음이다. 만약 일념이 머문다면 염념이 바로 머묾으로, 계박(繫縛)이라고 부른다. 모든 법에서 염념이 머물지 않는다면, 바로 무박(無縛)인 것이다. 따라서 '무주'를 본(本)으로 삼는다고 하는 것이다"라고 설한다. 여기에서 '무주'는 '무념'·'무상'과 밀접한 관계가 있음을 알 수 있다. 바로 끊임없이 상속돼 발생하는 염념이 단절된다면 "법신이 색신을 떠남", 즉 죽음이지만 그렇다고 "일념이 머문다면" 바로 "계박"이 되어 버린다. 우리의 존재를 유지하기 위해서는 염념에 '단절'을 일으켜서는 안 되지만, '머묾'이 일어나면 법에 묶이는 결과를 가져오게 된다는 일견 모순된 논리를 전개하고 있다. 그렇지만 이러한 논리는 모두 반야법에 근거해 제창한 것이라 하겠다.

사실 『단경』에서 논하는 무념·무상·무주의 삼무는 그 내용으로 볼 때, '무념지념(無念之念)'·'무상지상(無相之相)'·'무주지주(無住之住)'라고 바꿔 말해도 전혀 문제가 없다고 하겠다. 이러한 무념·무상·무주의 삼무는 『단경』에서 설정한 돈오에 이르는 수행론이라고 할 수 있다. 그러나 주의해야 할 것은 이 삼무를 단순한 수행론이 아니라 궁극적인 경지로도 보아야 한다는 것이다. '돈오'에 이른 경계를 바로 '무념·무상·무주'라고도 칭할 수 있기 때문이다.

그런데 이러한 무념·무상·무주의 삼무에 입각한다면, 종래의 수증(修證)에 필연적으로 변화가 나타나게 될 수밖에 없다. 특히 돈오가 '단계', '점차'를 부정한다면, 기존의 수증관에 새로운 해석이 필요하게 된다. 『단경』에서는 '수증(修證)'에 대해 다음과 같이 설한다.

> **"만약 간정(看淨)을 말하자면, 인성(人性)은 본래 깨끗한데, 망념이 진여(眞如)를 덮고 있는 까닭에 망념을 떠나면 본성은 깨끗해진다고 한다. 자성(自性)이 본래 깨끗함을 보지 못하고서, 마음을 일으켜 '간정'하면 오히려 '정망(淨妄)'이 일어나니, 허망함은 있는 곳이 없다. 이런 까닭에 본다고 하는 것(간看)은 오히려 허망함을 알아야 한다. 깨끗함은 형상이 없는데, 오히려 정상(淨相)을 세워서 이를 공부라고 말한다. 이렇게 지어서 보는 자는 자신의 본성에 걸림이 있어, 오히려 깨끗함에 묶이게(정박淨縛) 된다."**

이는 앞에서 논한 무념·무상·무주와 밀접한 관계를 지닌다. 여기에서 강조하는 것은 어떤 초월적이고 궁극적인 상위개념으로서 무엇인가를 추구한다면, 그것은 바로 깨끗함에 대한 망집인 '정망(淨妄)'이 되고, 그에 따라 '정상(淨相)'을 세우게 되며, 나아가 그에 묶여 자유로울 수 없는 '정박(淨縛)'에 떨어진다는 것이다. 당연히 이러한 입장도 그 바탕에는 돈오의 사상이 작용하고 있으며, 이러한 논리에 따라 이른바 무수지수(無修之修)와 무증지증(無證之證)의 무수무증(無修無證)이 전개된다.

이상으로 간략하게 혜능의 법어집인 『단경』에서 제창하는 불성과 돈오, 그리고 수행론으로서 무념·무상·무주를 고찰했다. 사실 『단경』에서 제시하는 전체적인 사상은 서로 유기적인 관련이 있으므로 어느 한 부분만을 한정해 논하는 것에는 한계가 있다. 그렇지만 『단경』은 전체적으로 돈오에 입각해 있다. 불성이라든가 무념·무상·무주, 그리고 여기에서는 논하지 않았지만, 무상계(無相戒) 등 모든 사상이 돈오를 배제한다면 설명할 수 없다. 나아가 조사선에서 강조하는 당하즉시(當下卽是)나 본래현성(本來現成) 등도 모두 돈오를 전제로 제시된 것이다. 이러한 까닭에 『단경』이 조사선의 종전으로 받들어진다고 하겠다.

김진무

충남대 유학연구소 연구교수.
동국대 선학과를 졸업하고, 동대학원에서 「동산법문과 그 선사상 연구」로 석사학위를, 중국 남경대학 철학과에서 「불학여현학관계연구(佛學與玄學關係研究)」로 박사학위를 취득했다. 저서로 『중국불교사상사』, 『중국불교의 거사들』 등이 있으며, 번역서로 『선학과 현학』, 『선과 노장』, 『조사선』, 『혜능 육조단경』, 『불교명상』, 『도해 금강경』(공역) 『도해 운명을 바꾸는 법』(공역) 등이 있다.

선종(禪宗)의 인가와 전법

홍인에서 혜능으로

특집. 깨닫다 - 혜능과 육조단경
글. 월조 효신 스님

중국 당나라 초(고종 재위, 661년), 칠흑 같은 어둠이 내려앉은 어느 깊은 밤. 호북성 황매현 쌍봉산의 동쪽 산(동산東山, 빙무산憑茂山)에 자리한 오조사(五祖寺), 모두가 잠든 삼경에 움직이는 그림자가 있었다. 방앗간에서 8개월 동안 쌀만 찧던 행자였다. 그는 발소리를 죽이며 아무도 몰래 조사당으로 향했다. 방에서 기다리고 있던 노승은 행자에게 "이제 그대를 제6조로 삼으니 스스로 잘 보호하고 지켜 널리 중생을 제도하고, 앞으로 (부처님의 법을) 널리 펴서 계속 이어지게 하라"는 당부와 함께 가사와 발우(의발衣鉢)를 비밀리에 건넸다.

노승은 다시 가사가 지닌 의미를 설명했다. "예전에 달마대사께서 중국에 처음 오셨을 때, 사람들이 그를 믿지 않아 이 가사를 전하여 믿음의 상징으로 삼고, 대대로 전하도록 하였다. 그러나 '법'이란 마음에서 마음으로 전하는 것(이심전심以心傳心)이며, 모두가 스스로 깨닫고 스스로 이해하게 해야 하는 것이다. 예부터 부처는 부처에게 본래의 실상을 전하였고, 스승은 스승에게 본래의 마음을 은밀히 부촉하였다. 그리고 이 가사는 다툼의 원인이 되니 그대에게서 그치고, 더 이상 전하지 말라. 만일 이 가사를 전하면 목숨이 실에 달린 것과 같으리니. 그대는 서둘러 떠나도록 하라. 누가 그대를 해칠까 염려된다."

– 『육조단경』, 제1 「행유품」

홍인(弘忍, 601~674) 스님이 방아 찧던 행자가 진정한 깨달음을 얻었음을 확인(인가印可)하고, 한밤중 남몰래 법과 의발을 넘겨주는 역사적인 장면이다. 5조사(五祖師) 홍인 스님이 이렇게 비밀리에 사자상승(師資相承, 스승이 제자에게 법을 이어 전함)을 기획한 이유는 문하의 신수(神秀, 606?~706)를 비롯한 제자들이 행자의 법 계승에 반대해 발생할 정통성에 대한 분쟁을

'의발'은 단순한 증표의 물건이 아닌 부처님(달마)의 가사와 발우를 상징한다. 정통 계승자에게만 전해지는 인증서다. 중국 선종의 1조로 추앙받는 달마대사가 2조 혜가에게 발우를 전하고 있다. 통도사 벽화. 사진 불광미디어.

우려했기 때문이다. 스승은 그들이 시기심으로 행자를 해치려 들 것을 염려했다. 홍인은 행자 혜능(慧能, 638~713)의 안위에 대한 걱정과 함께 미래에 불법이 끊어지지 않도록 널리 유통시킬 것을 간절한 마음으로 당부하며, 의발과 함께 행자를 남방으로 도피시킨다.

여기서 '의발'은 단순한 증표의 물건이 아닌 부처님(달마)의 가사와 발우를 상징하는 것으로, 정통 계승자에게만 전해지는 인증서다. 즉, 선(禪)의 정통 법맥(法脈)을 전하는 공식적 증표이다. 따라서 어둠 속에서 의발이 전해진 이 밤은 불교의 새 역사, 새로운 문을 여는 순간이다. 스승으로부터 깨달음을 인정(인가)받은 행자는 제6조 혜능대사가 됐다. 그날 밤 이후 남쪽으로 내려가 '돈오(頓悟)'의 가르침을 확립해, 후대 선종 전체로 계승된 '남종선(南宗禪)'이라는 새로운 불교의 문을 열었다. 이때 혜능 스님의 나이 스물넷이었다.

선불교의 '인가(印可)'

혜능 스님이 스승으로부터 법을 전해 받게 된 결정적 계기는 이른바 '게송(偈頌)' 사건이다. 홍인 스님은 제자들에게 깨달음을 증명하는 게송을 요구했고, 학식과 명망이 높았던 제자 신수 스님은 "때때로 부지런히 닦아서 먼지가 끼지 않게 하라"라는 게송을 지은 반면에, 혜능은 "본래 한 물건도 없는데 어디에 먼지가 끼겠는가"로 응대했다.

수행관의 차이를 선명히 드러낸 이들의 게송은 이후 선종의 '점수'와 '돈오'의 분기점이 됐다. 신수는 '차근차근 마음을 갈고 닦아 깨닫는' 점수(漸修)법, 혜능은 '마음의 본질이 본래 공이니, 단박에 본성을 깨닫는' 돈오법을 보인 것이다. 이 게송을 보고 행자가 비록 배움도 없고 글도 모르지만 '진정한 깨침', 즉 돈오견성을 이뤘음을 스승이 검증하고 인가한 것이다.

'인가(印可)'의 말뜻을 풀어보면 글자 그대로 '도장 인(印)'에 '허락할 가(可)'로, 스승이 제자의 깨달음을 확인해 그것을 공식적으로 '마음 도장을 찍어' 승인하는 일종의 통과 의례다. 요즘 말로 비유하면 '공인인증서' 격이다. 좀 더 세밀하게 말하면, 단순한 확인 절차가 아니라 제자가 스승과 동일한 견성을 이뤘음을 승인하는 것으로, '정통 법맥의 정당성을 확보해 법을 전수하는 근거'로 작용하게 되는 의식이다.

선불교는 반드시 선지식을 찾아가 '깨달음을 확인', 즉 인가의 절차를 밟아, 그에 따라 정통 법맥을 전수(傳法)받는다. 왜 그런가? 무엇 때문에 선종에서는 인가와 전법을 반드시 필요로 하는가? 결론부터 말하자면, 선불교는 언어 이전의 진리를 드러내기 때문이다. 문자를 바탕으로 한 교리·경전·논리를 통한 이론적 전개를 강조하는 다른 종파와의 차이점이다. 첫머리 인용문에서 홍인 스님이 혜능 스님에게 '선종의 핵심'을 밝혔듯이, '법'은 말로 전해지는 것이 아니라 '마음에서 마음으로 전승(以心傳心)'되고, 스스로 마음을 바로 보고 본래 부처임을 깨닫는 것, 즉 직지인심·견성성불·불립문자·교외별전을 중시한다.

하지만 문제는 '깨달음의 진위를 어떻게 증명하고 구별할 것인가?'이다. 언어를 초월한 참된 법은 눈에 보이지 않기에, 오직 그 마음을 본 사람만이 깨달음의 진위를 구별해 다른 사람에게 그 마음에게 전해줄 수 있다. 따라서 선지식(스승)은 말이 아닌 마음으로 '그대는 진짜임'을 증명하는 도장을 찍어 준다. 이것이 바로 선의 인가다. 선에서 인가는 깨달음의 진위를 구별하고 선맥의 정통성 유지를 위한 객관적 확인의 장치다.

선불교에서 인가 체계를 도입한 역사적 배경과 본질적인 연유는, 6조 혜능 이후 사자상승의 단절 없는 법맥을 드러내 그 완결성과 정통성을 확보하고 강조하려는 의도에서 비롯됐다. 중국 선종은 초기부터 사람의 마음이 곧 부처임을 바로 아는 '직지(直指)'의 깨달음 전통이 있었다. 하지만 당나라 말기에서 송대에 이르러 유교적 혈통 개념과 맞물려, 선종은 종파 간 경쟁 속에서 정통성 확보를 위해 점차 더 공식 문서화된 절차를 도입했고, 그 결과 나름의 시스템을 갖추게 됐다.

염화미소, 이심전심으로 법을 전하다

이심전심의 인가와 전법의 기원은 '염화미소(拈華微笑)'의 고사로 소급된

방아를 찧던 혜능은 야심한 밤에 홍인 스님의 방으로 들어갔다. 홍인 스님은 『금강경』을 설했고, 혜능은 한 번 듣고서는 말끝에 바로 깨달았다. 홍인 스님은 혜능에게 돈교(頓敎)와 의발을 전하고 선종의 6조로 삼으며 말했다.

"역대의 조사들은 은밀하게 자심(自心)을 부촉했다. 가사는 분쟁의 씨앗이므로 그대를 끝으로 삼으니,
더 이상 전승하지 말라. 목숨이 실낱처럼 위태롭다. 그대는 속히 떠나라. 다른 사람들이 그대를 해칠 것이다."
일본 중세의 수묵화 부분, 도쿄국립박물관 소장.

홍인 스님이 직접 혜능을 배웅해 강 근처에 도착했다.
홍인 스님은 혜능을 배에 태우고 스스로 노를 저어 강을 건너며 말했다.

"이후로 불법은 그대로 말미암아 크게 유행할 것이다. 그대가 떠난 지 3년 후면 나는 세상과 하직할 것이다. 남쪽으로 가거라. 그리고 함부로 설법해서는 안 된다. 이제 잘 가거라."
일본 중세의 수묵화 부분, 도쿄국립박물관 소장.

다. '염화미소'는 말이나 문자에 의존하지 않고, 이심전심(오직 마음에서 마음으로 전해지는) 깨달음의 핵심을 보여 주는, 선의 본질을 함축한 상징적 메타포(은유)다. 또한 조사 법맥이 시작된 출발점이기도 하다.

"부처님이 영산회상에서 연꽃 하나를 들어 보이자,
대중은 이해하지 못했으나 마하가섭존자만이
미소를 지었고,
부처님은 이에 가섭존자에게 법을 전하였다."

-『무문관』, 제6칙

'부처님이 연꽃을 들어 보인 것(염화拈華)'은 언어 이전의 진리를 드러낸 행위고, 가섭존자의 '미소'는 '그 진리를 마음으로 인가받은 응답'을 의미한다. 이 사건을 기점으로 조사선(祖師禪)이 탄생했고, 조사(祖師)는 문헌적 지식이나 지위가 아닌 '법의 인가'를 받은 자만이 인정됐다. 아울러 조사에게는 '① 진정한 깨달음에 도달해, ② 선지식으로부터 그 깨달음을 인가받고, ③ 다음 세대에 그 법을 전할 수 있는 자격을 갖춘 자'라는 3가지 기준이 부여됐다.

조사들의 사자상승이 이뤄진 전법에는 '전법게'라는 형식이 출현하게 된다. '하택 신회의 전의설(傳衣說, 달마부터 이어지는 가사 전수 중심의 전법)'에 대한 대안으로, '게송'을 통한 전법 인증이 강조됐다. 하택 신회(荷澤神會, 684~758)는 혜능 이후 남종의 정통성을 문헌으로 처음 주장한 스님이다. 『하택어록』에서 그는 북종(신수 계열, 점수 선법)을 강렬히 비판하면서, 전법 인가 증표인 가사는 돈오 선법의 남종을 연 혜능만이 전수했기에 그 정통성이 인정된다고 했다. 전의설을 주장한 『하택어록』은 이후 돈황본 『육조단경』, 『보림전』, 『조당집』 등 후속 문헌의 형성에 사상적 토대와 논리를 제공했다.

신회의 전의설은 그 전법(가사)이 한 명에게만 국한되기에 법의 계승 구조는 단선적이고, 후속 전법이 불가능하고, 교단은 폐쇄적인 성향을 지닐 수밖에 없는 한계를 가진다. 이를 극복해 편찬된 문헌이 바로 돈황본 『육조단경』이다. 돈황본은 두루마리 형태의 필사본으로, 현존하는 가장 오래된 판본이다. 혜능 스님의 일대기와 법문, 즉 설법 장소(소주 대범사)와 설법 내용이 간결하게 서술돼 있고, 그 기록의 정리자인 제자 법해(法海) 스님의 이름이 분명히 밝혀져 있다. 그 당시 혜능 스님의 모습을 엿볼 수 있는 유일한 단서이기도 하다.

돈황본에서는 '『육조단경』의 전수' 요소를 도입해 사자상승 법통의 전승을 강조했다. "『육조단경』을 받은 자만이 남종의 정통 제자"라는 혜능의 말을 강조해, 전법 인가의 수단으로 가사가 아닌 문헌 『육조단경』 자체를 인가증명의 증표로 삼았다. 『육조단경』을 통해 여러 제자가 법을 계승하므로 다중적이고 개방적 전수가 가능한 교단 운영 체제로 개편돼 신회 전의설이 지닌 약점을 보완하게 된다.

더하여 『육조단경』에서는 보다 상징적이고 세련된 문학적 인가 방식으로 전법게를 도입해, 달마에서 혜능까지, 이후 혜능으로부터 그 제자까지의 전승을 밝히고 있다. 전법게의 게송은 단순한 게송의 의미가 아닌 법을 전하는 '문자 증거'로, 스승의 '인가증명서 역할'을 지닌다.

초조 달마대사의 "한 송이 꽃에 다섯 잎을 피우리니, 열매는 자연히 이뤄지리라"는 전법게는 혜능의 출현을 예언하고 있다. 다음은 그 법을 이은 제2조 혜가(慧可, 487~593)대사가 읊은 게송이다.

"본래 땅이 있는 인연으로 (본래연유지本來緣有地)
씨앗을 심으니 꽃이 피었네. (종지종화생從地種花生)
만약 본래 땅이 없다면, (당래원무지當來元無地)
꽃은 어디서 피어나랴?" (화종하처생花從何處生)

땅에 씨앗을 심어 꽃이 피는 비유의 구성은 제6조 혜능에 이르기까지 이어진다. 이들 전법게 게송의 핵심 상징어는 꽃(화花), 열매(과果), 씨앗(종자種子), 법의 비(법우法雨), 마음 땅(심지心地), 중생(유정有情), 무정(無情) 등으로 대체로 자연의 이미지를 담고 있다. 이 단어들은 '부처님의 가르침 전수 → 수행자의 수용 → 깨달음의 실현'이라는 구조로 내용을 전개한다. 이를 보여주는 제6조 혜능이 읊은 전법게이다.

"마음 밭에 유정의 씨앗 머금고, (심지함정종心地含情種)
법비가 내리니 꽃이 피어난다. (법우즉화생法雨卽花生)
그 꽃 또한 유정의 씨앗에서 났음을
스스로 깨달아 알게 되니, (자오화정종自悟花情種)
보리의 열매 저절로 맺히도다." (보리과자성菩提果自成)

'마음 땅(심지心地, 수행의 바탕)에 → 씨앗(종種, 가능성)을 심어 → 법의 비(법우法雨, 부처님의 가르침) 받으니 → 꽃(화花)을 피워 → 보리의 열매(보리과菩提果, 깨달음)를 맺게 됨'을 읊고 있다. 혜능 스님이 수확한 보리의 열매는 동아시아를 비롯한 전역에 전해졌다.

한반도에서는 중국에서 받은 인가를 근거로 고려시대 구산선문(九山禪門)이 형성됐고, 조선시대에는 선종 통합이 이뤄지면서 간화선 중심의 임제종 법맥 전승 체계가 자리 잡았다. 그 인가의 증표가 '전법게, 법어'였다. 오늘날 조계종의 법맥도 역시 이 체계에 근거하고 있다. 이웃 나라, 일본 선종(임제종, 조동종)은 특이하게 깨달음을 문서로 증명하는 '인가지(印可紙) 또는 인가장(印可狀)'으로 전법 제도가 확립됐다. '인카 쇼메이(인가증명印可證明), 시호(사법嗣法), 법맥증서'가 그 인가의 형식이다.

월조 효신 스님
서음사 강사. 철학과 국어학 그리고 불교를 전공했으며, 인문학을 통한 경전 풀어쓰기에 관심이 많다.

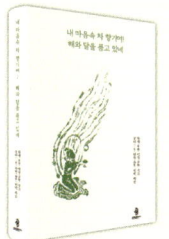

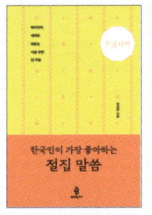

바람인가, 깃발인가?

혜능은 (의발을 전수받은) 후에 조계(曹溪)에 이르렀다. 그러나 또 악인들에게 쫓겼는데, 사회(四會)에서는 난을 피해 사냥꾼들 무리에 뒤섞여 무릇 15년을 지냈다. 그때 사냥꾼들에게 틈틈이 인연 닿는 대로 설법을 했다. (중략) 그러던 어느 날, 다음과 같이 생각했다.

'법을 펼칠 때가 왔다. 더 이상 숨어 살아서는 안 되겠다.'

그리고는 광주 법성사에 나아갔는데, 마침 인종 법사가 『열반경』을 강의하고 있었다. 그때 바람이 불어서 깃발이 펄럭였는데 한 스님은 바람이 움직인다 말하고, 또 한 스님은 깃발이 펄럭인다고 말했다. 논의가 끝나지 않자, 혜능이 나서서 말했다.

"바람이 움직이는 것도 아니고,
깃발이 펄럭이는 것도 아닙니다.
그대들의 마음이 움직이는 것입니다."

대중 일동이 모두 깜짝 놀랐다. 인종 법사는 상석으로 안내했다. 그리고 심오한 뜻에 대해 물었는데, 혜능이 답변한 언설은 간명직절(簡明直截)하지만 도리에 합당하고 문자를 말미암지 않은 것을 보고는 인종 법사가 물었다.

"행자는 필시 보통 사람이 아닙니다.

오래전에 황매의 의법(依法)이 남으로 갔다고
들었는데, 혹시 그 행자 아닙니까?"

혜능이 말했다. "그렇습니다. 바로 저입니다."
인종 법사가 다시 물었다.
"황매 조사께서 부촉한 법은 어떤 가르침이었습니까?"
혜능이 말했다. "특별한 가르침은 없습니다.
오직 견성법만 논하였지 선정과 해탈은 논하지 않았습니다."
인종 법사가 말했다.
"어째서 선정과 해탈은 논하지 않는 것입니까?"
혜능이 말했다. "선정과 해탈은 이법(二法)으로 그것은
불법(佛法)이 아니기 때문입니다.
불법은 불이법(不二法)입니다."

(중략)

설법을 들은 인종 법사는 환희하여 합장하고 말했다.
"제가 경전을 강의하는 것은 마치 와력(瓦礫, 쓸모없는 것)과
같습니다. 그대의 논의는 마치 진금(鎭金)과 같습니다."

인종 법사는 혜능에게 삭발을 해주고 자신의 스승으로
모시기를 바랐다. 혜능은 마침내 보리수 아래서
동산법문(東山法門)을 열었다.

- 김호귀 역주, 『육조법보단경』(토파민) 중에서

혜능의 자성법문(自性法門)

『육조단경』의 심(心)

특집. 깨닫다 - 혜능과 육조단경

글. 김호귀

불교에서 중시하는 개념 가운데 하나로 '마음'이라는 것이 있다. 너와 나, 그리고 우리 모두 지니고 있는 것으로 간주하는 마음. 그 마음은 가장 보편적인 것이면서 또한 참으로 다양하게 활용돼서 어떤 한 가지로 정의할 수 없는 어려운 말이기도 하다.

일반적으로 마음에 대해 한자어 '심(心)'으로 이해하고 있는 경우가 많다. 그러나 마음이라고 해도 때와 장소, 상대와 상황 등에 따라서 똑같은 마음이 아니기 때문에 미묘한 차이가 있다. 이에 가령 당나라 시대 규봉종밀(圭峯宗密, 780~841)은 『도서(都序)』에서 간략하게 4가지의 마음을 언급하고 있다.

첫째는 '흘리타야(紇利陀耶, hṛdaya)'이다. 이것은 의역하면 '육단심(肉團心)'으로 이를테면 우리의 신체에 들어 있는 심장(心臟)을 가리킨다.
둘째는 '연려심(緣慮心)'인데, 불교학에서 마음을 8가지로 설명한 안식(眼識)·이식(耳識)·비식(鼻識)·설식(舌識)·신식(身識)·의식(意識)·말나식(末那識)·아뢰야식(阿賴耶識)의 '팔식(八識)'을 가리킨다. 8가지의 모든 경우가 각각 그에 상응하는 경계를 수반해 사려한다는 의미다.
셋째는 '질다야(質多耶, citta)'인데, 번역하면 긁어모아서 발생한다는 뜻에서 '집기심(集起心)'이라고 번역한다.
넷째는 '건율타야(乾栗陀耶)'인데, '견실심(堅實心)' 또는 '정실심(貞實心)'으로 번역하는데, 이것은 애초부터 타고난 것으로 소위 진심(眞心)을 가리킨다.

위의 4가지 경우처럼, 일상에서는 동일하게 '마음'이라는 용어로 불릴지라도 그 속성과 작용에 따라 다르게 분류된다는 것을 알 수 있다. 우리말의 '마음'을 표현하고 있는 한자도 심(心), 의(意), 식(識), 성(性), 혼(魂), 백

(魄), 정(精), 신(神), 정(情), 영(靈), 상(想), 사(思), 려(慮), 염(念) 등 참으로 다양하다.

이것들은 마음 자체가 대부분 추상적인 개념임을 보여준다. 이와 달리 형이상학적인 개념으로는 '성(性)'이라는 용어가 널리 활용된다. 불교에서는 이러한 개념을 일체 존재로까지 확장해 무정물(無情物)의 경우에는 '법성(法性)'이라고 말하고, 마음의 경우에는 '자성(自性)'이라고 말하며, 붓다의 성품이라는 경우에는 '불성(佛性)'이라는 용어를 활용한다. 자성과 법성과 불성은 그 본성이 다르지 않으나 적용되는 범주에 따라 표현이 다를 뿐이다.

『단경』, 본래성불에 근거한 자성법문 텍스트

이런 마음에 대해 '일체가 마음의 차원에서 세계와 인생과 불법(佛法)이 이뤄지고 유지되며 변용된 것'임을 표현한 말이 있다. 바로 『화엄경』의 '일체유심조(一切唯心造)'라는 대목이다. 쉽게 말하자면 만사가 마음먹기에 달려 있다는 말이다.

그 마음이 우리네 모두에게 본래부터 갖춰져 있다고 전제하면서도, 정작 그 마음이 내 마음대로 이뤄지고 유지되며 변용된 경우는 매우 드물다. 여기에서는 그 마음이 본래부터 청정한 마음을 가리키는 것인지, 혹은 번뇌의 마음을 가리키는 것인지도 참으로 애매모호하다. 그러나 분명한 것은 그와 같은 마음이 항상 우리 자신을 벗어난 적이 없다는 점이다. 그런 까닭에 항상 우리의 몸과 함께 존재하고 작용하는 바로 그 마음을 제대로 파악하고 이해하며 활용하고 평가하는 것은 매우 중요하다.

역대의 선종(禪宗)에서는 그러한 마음의 속성과 작용을 잘 알고 활용하기 위해서 끊임없이 노력해 왔다. 선종을 '심종(心宗)'이라고 말한 까닭이 바로 여기에 있다. 오늘날 우리가 알고 있는 선종은 중국에서 형성되고 전개되며 기타 지역으로 전승돼 왔다. 보리달마가 그 종자를 뿌렸고, 혜능과 신수가 뿌리를 내렸으며, 청원과 석두 그리고 남악과 마조 등이 꽃을 피웠고, 동산과 임제 등이 그 열매를 맺었다고 평가하기도 한다.

대나무를 자르는 혜능대사.
중국 송나라 시대 양해
(梁楷, 1140~1210)의 그림이다.
혜능이 칼을 들어 대나무를 내려치고
있다. 단박에, 단 한 번의 칼질로
대나무를 잘라야 한다. 남종선의
돈오(頓悟)를 비유한 것이다.
일본 도쿄국립박물관 소장.

우리의 마음은 본래부터 부처 아님이 없다는 점에서 출발한다. 사람은 누구를 막론하고 이미 부처로 존재한다는 것을 '본래성불' 내지 '자성불'이라고 말한다. 이 본래성불 개념은 중국불교의 경우에 화엄종, 천태종, 선종 등의 종파에서 널리 공유돼 전승된 것이기도 하다.

그런데 이들 수많은 역대의 선사 가운데서도 마음을 중심으로 일체의 선법을 설파한 인물로 조계 혜능(曹溪慧能, 638~713)이 있다. 혜능은 우리의 마음은 본래부터 부처 아님이 없다는 점에서 출발한다. 사람은 누구를 막론하고 이미 부처로 존재한다는 것을 '본래성불(本來成佛)' 내지 '자성불(自性佛)'이라고 말한다. 이 본래성불 개념은 중국불교의 경우에 화엄종, 천태종, 선종 등의 종파에서 널리 공유돼 전승된 것이기도 하다.

특히 선종에서는 6세기 초부터 보리달마 이후 형성되고 전승되며 전개돼 내려온 조사선(祖師禪)의 사상적인 근간에 본래성불이 자리하고 있다. 혜능의 설법이 총집대성된 『단경』은 본래성불 이념에 근거한 자성법문의 텍스트로 널리 알려져 있다.

『단경』의 처음부터 끝까지 일관하는 주제가 하나 있다면, 그것은 혜능의 설법이 언제나 누구에게나 자성이라는 개념을 통해서 전달된다는 점이다. '자성(自性)'이란 제법의 법성(法性) 및 모든 중생의 불성(佛性)과 마찬가지로 사람의 마음을 표현하는 용어다. 그러기에 불성과 법성과 자성은 모든 사물을 비롯해 모든 사람의 본래심성, 곧 본성을 말한다.

여기에서 특히 주목해야 할 점은 혜능의 설법은 일체중생에게 부처의 성품이 본래부터 누구에게나 평등하게 갖춰져 있음을 전제로 한다는 것이다. 그래서 혜능의 법문을 통칭 '자성법문(自性法門)'이라고도 말한다.

'본래성불(本來成佛)'이란

혜능은 바로 달마의 이와 같은 본래성불의 사상에 철저하게 근거한 인물이었다. 『단경』의 첫머리에서 선언적으로 제시한 구절이 있다.

"선지식들이여,	**(선지식善知識)**
보리의 자성은	**(보리자성菩提自性)**
본래 청정하다.	**(본래청정本來淸淨)**
그러므로 무릇 그 청정한 마음을 활용한다면	**(단용차심但用此心)**
곧바로 성불할 수 있다."	**(직료성불直了成佛)**

이 말은 바로 모든 사람이 본래부터 갖춘 청정한 자성에 대한 크나큰 긍정이었다.

여기에서 '보리의 자성(菩提自性)'은 깨달음의 본성을 말하는데, 그것이 본래부터 완전하게 갖춰져 있다는 의미 곧 '본래청정(本來淸淨)'하다는 것이다. '청정'이라는 말은 다름 아닌 완성이라는 의미다. 그래서 깨달음의 성품이 본래부터 모든 사람에게 이미 완성돼 있음을 표현한 것이다.

점차 수행을 통해 궁극의 깨달음에 도달한다는 관념에서 보자면 이 말은 참으로 대단히 혁명적인 발언이다. 혜능은 바로 이 말로부터 시작해, 이를 『단경』의 전체를 아우르는 설법의 대강으로 삼고 있다.

혜능의 문도(門徒)들은 의도적으로 본래성불사상을 강조했다. 이는 오랜 세월에 걸친 수행, 곧 '점수(漸修)'를 통해 깨달음에 도달한다는 신수(神秀)의 북종(北宗)에 상대하는 주장이다. 또한 현세에서 중생으로 살아가는 모든 사람은 예외 없이 궁극에 성불해야 한다는 대전제를 구현하는 좋은 방법이기도 했다. 혜능의 남종(南宗)에서 주장한 이와 같은 교의는 이후 모든 사람에게 다가가고 환영받기에 무엇보다도 적합한 장치였고 수월한 방안이었으며 보편적인 교리였다.

여기에서 보편적인 교리라는 것은 일찍이 『열반경』에서 제시한 '일체중생실유불성(一切衆生悉有佛性)'이라는 부처님의 가르침을 현실 생활에서 구현하는 수단이기도 했다. 왜냐하면 '실유불성'이라는 개념은 중국의 조사선이 형성되는 사상적인 과정에서 중요한 근거이기도 했기 때문이다.

실로 실유불성은 '부처님의 깨달음이 일체 중생에게 작용하기에 여래의 깨달음(법신法身)은 우주법계에 편만하다', '본성에 번뇌가 없는 진여가 모든 사람에게 불이평등(不二平等)해 차별이 없다', '불성이 일체중생에게 여래의 종성으로 이미 존재하고 있다'는 등 3가지 의미로 정의되기 때문이다.

혜능의 문도들은 혜능이 주창한 자성불, 곧 본래성불의 개념을 '돈오견성(頓悟見性)' 내지 '돈교법문(頓教法門)'이라고 불렀다. '견성(見性)'이라는 말은 사람이 본래부터 갖추고 있는 청정한 자성을 자각한다는 뜻이다. 이것은 혜능 자신도 자기의 가르침을 돈교법문이라는 용어로 정의한 대목에서 찾아볼 수 있다.

혜능의 '돈교법문(頓教法門)'이란

혜능은 『단경』 「반야품」에서 다음과 같이 말한다.

> **"선지식들이여, 후대에 내 법을 터득하는 자는 이 돈교법문을 가지고, 돈교법문 그대로 보고, 돈교법문 그대로 닦아야 한다. 그리고 발원하고 수지해서 종신토록 부처님을 섬기듯이 하여 물러나지 않으면, 반드시 부처님 지위에 들어간다."**

혜능은 여기에서 "돈교법문을 가지고, 돈교법문 그대로 보고, 돈교법문 그대로 닦아야 한다"고 강조한다. 자신이 일러준 가르침을 돈교법문이라고 정의해 바로 그 돈교법문에 의지해야 하고, 혜능 자신이 설파한 돈교법문을 반드시 이해해야 하며, 혜능 자신이 일깨워준 돈교법문을 실천해야 한다고 말한다. 이와 같은 돈교법문은 처음부터 끝까지 『단경』의 설법

양해, 〈육조파경도(六祖破經圖)〉.
혜능이 불교 경전을 찢고 있다.
선종의 불립문자(不立文字)의
이치를 담은 그림이다.
진리는 말이나 글로 표현할 수 없다.
일본 미쓰이 기념미술관
(Mitsui Memorial Museum) 소장.

을 일관하는 전체적인 대의이기도 하다.

그 돈교법문이란 다름 아니라 우리의 마음에 해당하는 자성을 깨닫는 가르침을 가리킨다. 따라서 혜능의 자성법문은『단경』을 구성하는 10가지 품을 통해 다양한 주제와 분야에 걸쳐서 설정돼 있다. 이것을 통해서 혜능이 자성으로 일관된 돈교법문에 대해 대단한 자긍심을 가지고 있음을 엿볼 수가 있다. 이하에서는 혜능이 설법하고 있는 내용 가운데서 구체적인 사례를 살펴보기로 한다.

법신의 5가지 속성

『단경』에서 여섯 번째의 내용에 속하는「참회품」을 보면, '오분법신향(五分法身香)'에 대해 설법한다.

"'계향(戒香)'이란 자기의 마음속에서 잘못이 없고, 악이 없으며, 질투가 없고, 탐욕과 성냄이 없으며, 남에게 해코지를 가하지 않는 것이다. '정향(定香)'은 자기의 마음속에서 모든 선과 악의 경계를 보고도 혼란스러워하지 않는 것이다. '혜향(慧香)'은 자기의 마음속에서 어떤 것에도 걸림이 없어서 항상 지혜로 마음을 관조해 모든 악행을 하지 않는 것이다. 비록 일체의 선행을 닦더라도 마음에 선행했다는 집착이 없어서 윗사람을 공경하고 아랫사람을 보살펴주며 외롭고 궁핍한 사람을 불쌍하게 여기는 것이다.

'해탈향(解脫香)'은 자기의 마음속에서 어떤 것에도 연연하는 마음이 없어서 선도 생각하지 않고 악도 생각하지 않으며, 일체의 행위에 자재하고 걸림이 없는 것이다. '해탈지견향(解脫知見香)'은 자기의 마음속에서 이미 선과 악을 인연하는 것이 없을 뿐만 아니라 무기공(無記空)에 빠지거나 적정(寂靜)을 고수하는 일이 없으며, 자기의 본심을 터득해 제불의 도리에 통달하고, 자비로 중생을 제도하되 아상(我

相)이 없고 인상(人相)도 없어서 곧바로 보리에 이르되 진 성은 그대로 바뀌지 않는 것이다."

이처럼 자성의 법신이 작용하고 있는 5가지의 경우에도 모두 자기 마음의 계향이고, 정향이며, 혜향이고, 해탈향이며, 해탈지견향이라고 설명한다.

사홍서원과 삼귀의

나아가서 대승보살의 커다란 서원인 '사홍서원(四弘誓願)'에 대해서도 마찬가지로 마음속의 서원으로 설명한다.

"자심(自心)의 중생이 끝없이 많아도
맹세코 제도할 것을 서원합니다.
자심의 번뇌가 끝없이 깊어도
맹세코 단제할 것을 서원합니다.
자성(自性)의 법문이 다함이 없어도
맹세코 학습할 것을 서원합니다.
자성의 불도가 아무리 높아도
맹세코 성취할 것을 서원합니다."

이것은 우리가 가장 보편적으로 독송하는 『천수경』에 보이는 사홍서원의 근원이 됐다.

혜능은 삼귀의계의 경우에도 마찬가지로 '자성의 부처'와 '자성의 교법'과 '자성의 승단'이라는 의미로 다음과 같이 설법한다.

"자심의 지혜(智慧)와 복덕(福德)을 갖춘
거룩한 부처님께 귀의합니다.
자심의 욕구(欲垢)와 망염(妄染)을 벗어난

올바른 교법에 귀의합니다.
자심의 무위(無爲)와 화합(和合)을 지향한
청정한 승단에 귀의합니다."

여기에서 자심의 부처님에 귀의한다는 것은 사악함(사邪)과 미혹함(미迷)이 발생하지 않고, 욕심을 줄이고 만족을 알며, 재물과 색(色)을 벗어난 '지혜와 복덕을 갖추신 거룩한 부처님'이라는 의미다.

자심의 교법에 귀의한다는 것은 항상 사견이 없고, 사견이 없으므로 곧 인상과 아상 및 탐애와 집착이 없는 것으로 '욕구와 망염(妄染)을 벗어난 올바른 교법'을 말한다. 자심의 승단에 귀의한다는 것은 일체의 번뇌와 애욕의 경계에 대해 마음이 전혀 물들지 않는 것으로 '무위와 화합을 지향한 청정한 승단'이다.

이처럼 혜능은 마음속의 부처님과 마음속의 가르침과 마음속의 승가를 구현해야 한다고 설법한다.

마음속의 삼신불

삼신불(三身佛)에 대해서도 또한 마찬가지다. 혜능은 삼신불에 법신(法身)과 화신(化身)과 보신(報身)으로 나눠 설법하고 있지만, 정작 이것은 3가지가 아니라 자기의 마음속에 나타나는 하나에 불과하다고 설법한다.

"자기의 청정법신 비로자나불에게 귀의합니다.
자기의 천백억화신 석가모니불께 귀의합니다.
자기의 원만보신 노사나부처님께 귀의합니다."

이처럼 삼신불은 결국 자기 마음속에서 나타나는 속성을 3가지 측면으로 파악한 것인 줄 알아야 한다고 설명한다.

또한 혜능은 정토의 신행에 대해서도 '마음속의 정토(유심정토唯心淨土)'이고 '마음속의 아미타불(자성미타自性彌陀)'이라고 말한다. 이 말은 '자기의 마음이 올바르게 작용하면 그것이 그대로 정토이고, 자기의 마음이 깨달음의 상태가 되면 그것이 그대로 아미타불'이라는 것이다. 그러므로 자기의 마음을 올바르게 지니고, 그것이 바로 깨달음의 도량임을 의심하지 말며, 반드시 자기에게서 실현해야 할 것이라고 설법한다.

기타의 여러 곳에서도 혜능은 마음의 법문으로 일관하고 있음을 쉽게 찾아볼 수가 있다. 가령 '좌선'의 경우에도 밖으로 일체의 선과 악의 경계에 대해 마음에 망념이 일어나지 않는 것을 '좌(坐)'라고 말하고, 안으로 자성을 깨쳐서 부동의 경지가 되는 것을 '선(禪)'이라고 말한다. 또한 '선정'의 경우에도 밖으로는 형상을 초월하는 것이 '선(禪)'이고, 안으로는 산란하지 않는 것이 '정(定)'이라고 설법한다.

이와 같이 혜능은 『단경』을 통해 일체유심조(一切唯心造)의 차원에서 평생 설법을 펼쳤기 때문에 혜능의 법문을 소위 '자성법문'이라고 부르게 됐다.

김호귀

동국대 HK교수, 한국불교인문학과 교수.
동국대 선학과에서 선사상을 공부하여 「묵조선에 관한 연구」로 박사학위를 취득했다. 선종의 역사와 사상 및 수행 문화 등에 대한 연구를 하고 있다. 「조사선에서 깨침의 속성과 그 기능」, 「무생법인의 구조와 무생선의 실천」 등의 논문과 저서로는 『한국 선리논쟁의 연구』, 『강좌 한국선』, 『금강삼매경의 선사상』, 『인문학 독자를 위한 육조단경』, 『육조법보단경(봉산덕이본)』(역주) 등이 있다.

조계산으로 들어가다

대사께서 말씀하셨다.

"선지식들아, 너희들은 다들 이 게송을 외어 가지라. 이 게송을 의지해 수행하면 천 리를 혜능과 떨어져 있더라도 항상 혜능의 곁에 있는 것이요, 이를 수행하지 않으면 얼굴을 마주하여도 천 리를 떨어져 있는 것이다. 각각 스스로 수행하면 법을 서로 지님이 아니겠느냐.
여러 사람들은 그만 흩어지거라. 혜능은 조계산으로 돌아가리라. 만약 대중 가운데 큰 의심이 있거든 저 산으로 오너라. 너희를 위하여 의심을 부수어 같이 부처의 성품을 보게 하리라."

함께 앉아 있던 관료, 스님, 속인들이 육조대사께 예배하며 찬탄하지 않는 이가 없었다. 그들은 "훌륭하십니다, 크게 깨치심이여! 옛적에는 미처 듣지 못할 말씀이로다.
영남에 복이 있어 산 부처가 여기 계심을 누가 능히
알았으리오."한 다음 한꺼번에 흩어졌다.
대사께서 조계산으로 가시어 소주, 광주 두 고을에서
교화하기를 사십여 년이었다.
만약 문인을 말한다면 스님과 속인이 삼오천(三五天)명이라
이루 다 말할 수 없으며, 만약 종지를 말한다면 『단경』을
전수하여 이를 의지하여 믿음을 삼게 하셨다.
만약 『단경』을 얻지 못하면 곧 법을 이어받지 못한 것이다.
모름지기 간 곳과 년 월 일과 성명을 알아서 서로서로 부촉해
『단경』을 이어받지 못하였으면 남종(南宗)의 제자가 아니다.
『단경』을 이어받지 못한 사람은 비록 돈교법을 말하나 아직
근본을 알지 못함이라. 마침내 다툼을 면치 못할 것이다.
오로지 법을 얻은 사람에게만 (돈교법의) 수행함을 권하라.
다툼은 이기고 지는 마음이니 도와는 어긋나는 것이다.

-『성철 스님의 돈황본 육조단경』(장경각) 중에서

육조 혜능 스님의 바라밀 법문

"마하반야바라밀을 염하라"

글. 광덕 스님(월간「불광」창간인)

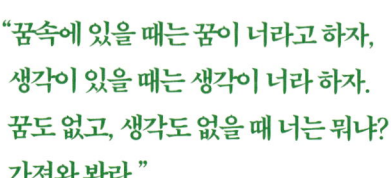

> "꿈속에 있을 때는 꿈이 너라고 하자,
> 생각이 있을 때는 생각이 너라 하자.
> 꿈도 없고, 생각도 없을 때 너는 뭐냐?
> 가져와 봐라."
> - 동산 스님이 광덕 스님에게 하신 말씀

반야바라밀을 염하라

혜능 조사는 마하반야바라밀법을 많이 강조하신 스님이라고 기억됩니다. 목주(睦州, 780~877)라고 하는 조사 스님도 누가 묻기만 하면 그저 '마하반야바라밀'이라 하셨습니다. 목주화상은 누가 물으면 그저 '마하반야바라밀' 한 방망이로 끝내버린 것으로 기억합니다.

육조 혜능 조사가 도를 이루시고 16년을 숨어 살다가 세간에 등장해 나오셔서 대중의 청을 받아 처음 법을 설할 때, 맨 먼저 "다들 마음을 정결히 하고 마하반야바라밀을 염하라"라고 말씀하시고는, 한참 잠잠히 있다가 말씀하시기를 "보리 자성이 본래 청정하니 다만 이 마음을 써라. 곧 성불해 마치리라" 하셨습니다. 그런 만큼 이 『법보단경』도 반야를 통해서 부처님의 진실 광명을 보게 하는 큰 문이라 할 것입니다.

다행히도 혜능 스님께서 반야바라밀법문을 열어 주셨기에, 그 법문을 우리가 한자리에서 공부하게 되어서 천만다행입니다.

자성반야(自性般若)를 보라

"내 이제 마하반야바라밀법을 설하여 너희로 하여금 각기 지혜를 얻게 하리니 지극한 마음으로 자세히 들어라. 너희들을 위해 설하리라. 선지식아, 세상 사람이 입으로는 종일 반야를 외우지만 자성반야를 알지 못하니 마치 말로만 음식 이야기를 아무리 하여도 배부를 수 없는 것과 같아서, 다만 입으로만 공을 말한다면 만겁을 지내더라도 견성하지 못하리니 마침내 아무 이익이 없느니라."

–『법보단경』 중에서

막히고 걸리고 있는 것을 비워서 자성을 보는 것이 '견성(見性)'입니다. 끝까지 자기 성품을 보는 것을 근본으로 삼고, 자기 성품의 광명이 본래의 것임을 아는 것이 '반야(般若)'이고, 이 성품의 반야광명이 터져 나오는 곳에 일체 막힘이 없어서 한 물건도 숨김없이 드러내는 이것을 '공(空)'이라고 합니다. 일체 대립이 없고 둘이 아닌 이것을 공이라고 합니다.

반야가 따로 있고, 자성이 따로 있고, 공이 따로 있는 것이 아닙니다. 원래 자성광명이 드러날 때 이것이 '원성실성(圓成實性)'이라 하고, 참 실상을 보지 못하고 말로만 "반야다", "공이다" 이렇게 해봐야 아무 소용이 없습니다. 혜능 스님께서 제일을 기한 것이 공이라는 말입니다.

말로는 공이라 하고 이론으로 공이라 해도 실다운 행이 없는 공이야말로 가장 위험한 것입니다. 공이란 무엇이냐? 우리가 가지고 있는 미망(迷妄) 감정은 전부 대립에서 오는 것들이기 때문에 그러한 대립 존재가 없다는 것이며, 그러한 것을 여의어 그런 것이 없는 게 공의 가르침인데,

공이라는 말 때문에 공이라는 망념을 또 하나 만드는 것은 바람직하지 않습니다. 망상 위에 또 하나의 망상을 더 붙인 것입니다.
유(有)라는 망상, 공(空)이라는 망상, 미(迷)라는 망상, 그런 것을 모두 망상 종류라고 합니다. 그래서 혜능 스님께서는 공이라고 말로만 하는 것을 금하셨습니다.

자성반야, 우리의 본분이 바로 반야광명입니다. 이 본분에서, 자기 참 생명 속에서 반야광명이 햇살처럼 잠시도 쉬지 않고 광명을 놓고 일체에 충만해 있다는 사실을 자기 본분의 것으로 보는 것입니다. 자신의 것이기 때문에 바깥을 보는 것이 아닙니다.

선지식이여!

> **"선지식이여! 이 법문을 듣고 이해가 되거나 이해되지 않거나, 혹 듣고도 믿지 않더라도 장차 성불할 인연이 된다."**

이렇게 말씀하십니다. 그런데 반야법문을 듣고 잠시 생각을 돌이켜서, 자신 속에서 이 광명을 보려고 하기만 하면 결정코 금강석을 삼킨 거와 같아서 마침내 광명을 내는 것입니다.
또 『단경』을 보면 '선지식아' 하고 청중을 불렀습니다. 그때 위거(韋據)라는 성주를 중심으로 관리를 비롯해 사람들이 많이 모인 자리에서 설법하셨는데, 그 대중을 바라보고 '선지식아' 하고 불렀습니다.

저도 이 육조단경을 읽을 적마다 생각나는 것이 이 '선지식아' 하신 대목입니다. 한 사람 한 사람을 다 '선지식아' 하고 부르신 것입니다.
"나는 선지식이 못되고 범부로소이다"라 생각하는 사람이 혹 있을 텐데,

'선지식아' 하고 부른 것입니다. 참으로 선지식인 것입니다.
반야의 열린 눈으로 보면 선지식 아닌 사람이 없습니다. 시장하면 밥 먹을 줄 알고, 길이 막혔으면 돌아갈 줄 알고, 피곤하면 잘 줄 알고, 목마르면 물 먹을 줄 알아서 다 선지식이 들어앉아서 대광명을 놓고 있다는 것입니다.

육조 스님처럼 거룩한 눈으로 보면, 사람 사람마다 모두 깨끗합니다. 옥(玉)보다도 깨끗합니다. 그러한 반야광명을 다 놓고 있습니다. 그렇게 놓고 있어서 목마르다 하면 한 잔 마시고, 뭐라 그러면 주먹도 쓰고 발도 써가면서 신통묘용을 부립니다. 이것이 사실은 선지식입니다.
혜능 스님의 생각으로는, 못나고 죄짓고 사주팔자가 기구해서 악도(惡道) 대신 금생에 태어났다는 생각은 잘못된 것이라는 겁니다. 지은 죄도 없고 지은 바 때 묻은 업장도 없어서 모두 다 청정광명이 꽉 차서, 걸림 없이 쓰고 있는 무(無)의 세계, 청정세계, 자유세계, 성취세계를 육조께서는 보았습니다. 그래서 '선지식아'하고 불렀습니다.

부처님은 영원한 현존

여기서 저는 두 가지를 말하고 싶습니다. 누구나 본성이 불성(佛性)입니다. 본성이 진여(眞如)라는 것입니다. 법성(法性)이라는 것입니다. 본성, 불성이며 부처님입니다. 법이 바로 부처님입니다.
그런데 부처님은 법인데도 불구하고 오늘날 사람들은 '부처님은 인류의 스승'이라고 흔히들 말합니다. 영원한 우리들의 스승이라 하면 또 모르겠는데, 자칫하면 (부처님은) 과거에 인류에게 위대한 교훈을 남겨주고 가신, 지금은 안 계신 스승으로 알기 쉽다는 것입니다. 있을 수 없는 것입니다.
다 아시는 바와 같이 부처님은 법(法)입니다. 법신(法身)입니다. 법은 시간에 있지 않습니다. 저 3,000년 전에 있지 않습니다. 3,000년 후에도 있지 않습니다. 영원한 현재 속에 영원한 현재 위에 계십니다. 법, 진리, 이것이 부처님입니다.
3,000년 전에 부처님 계시고 지금은 안 계시고 하는 것은, 이것은

부처님을 보지 못하고 겉껍데기 형상으로 봤던 80년 동안 잠시 지나갔던 그림자를 보고 부처님이라고 하는 것입니다. 그림자를 통해서 나타난 몇 가지 얼굴을 부처님의 법이라고 말하는 것입니다.

부처님은 일체 처소에 일체를 성취시키는 진리 본연의 광명입니다. 그렇기에 "마하반야바라밀에서 제불과 함께 있다" 합니다. 스스로가 못 볼지언정 부처님은 어디 간 것이 아니라 여기 있는 것입니다. 공기가 내 눈에 안 보여도 여기 있는 것처럼, 전파가 내 눈에 띄지 않지만 여기 있는 것처럼 부처님은 분명히 여기 계십니다. 부처님은 그러한 생멸을 떠나서 영원한 현재에 머무십니다. 우리 불자들은 부처님을 그렇게 봐서 지금 영원히 함께 계신 우리 부처님, 내 생명 속에 진실한 위신력으로서 계시는 부처님, 진리로서 은혜로서 온전한 자비로서 계시는 부처님으로 생각해야 합니다.

만법이 모든 사람의 성품 중에 있습니다. 만법이 필경에 모든 사람의 성품 가운데 있는 것이지 성품을 떠나 있는 것은 하나도 없습니다. 이렇기에 '직지인심 견성성불(直指人心 見性成佛)'이라 하셨습니다. 곧바로 사람의 마음을 바로 가리켜서 성품을 보면 그것이 성불(成佛)한 것입니다. 성불이 무엇인가? 진리를 주체적으로 완전히 구현시키는 것, 법성 본연을 자기 생명에 실현하는 것. 자신이 법성 진리라는 사실을 확인하고 생명의 진리 법성 그대로를 사는 것, 허물되는 말이기는 하나 이것이 견성이고 성불입니다. 만약 모든 사람의 하는 일에서 선이나 악을 볼 때, 모두를 취하지도 않고 버리지도 않고 또한 물들거나 집착하지도 아니하며 마음이 마치 허공과 같은 것을 이름하여 '크다'고 하는 것이니 이 까닭에 '마하'라고 한다는 것입니다.

- 1993년 6월호(통권 224호)에 실린 광덕 스님의 법문을 정리한 글입니다. - 편집자 주

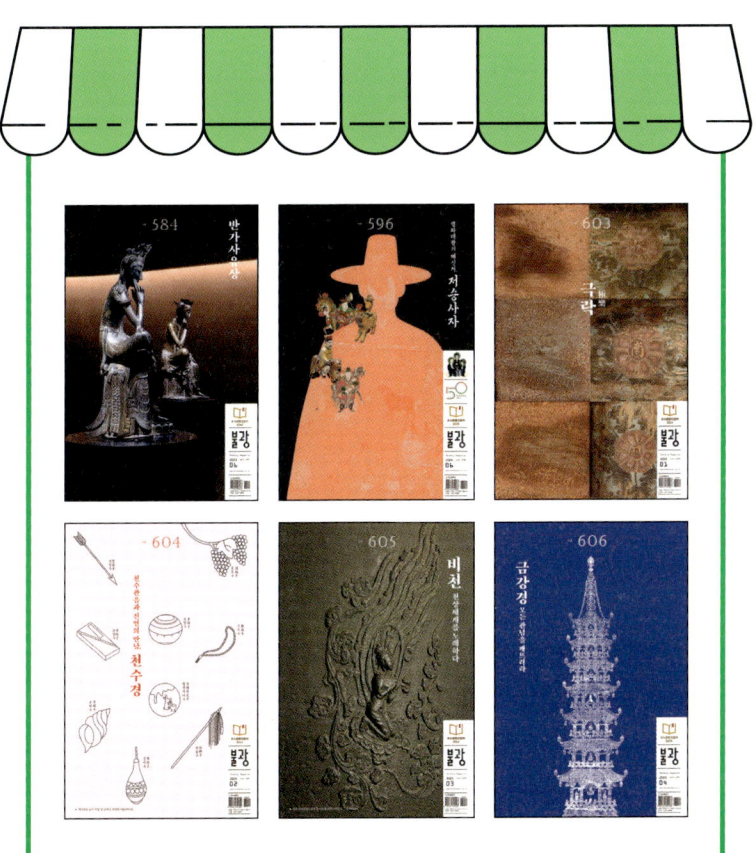

중국 선종의 33조사

글. 김남수
그림. 허운노화상 편, 『증정 불조도영(增訂 佛祖道影)』

중국 선종은 달마(達磨) 조사로부터 시작해 혜가(慧可), 승찬(僧璨), 도신(道信), 홍인(弘忍)으로 이어져 혜능(慧能)에 이르렀다고 알려진다. 이것은 과연 역사적 사실일까? 연구자들은 이를 혜능 이후 남종선의 계승자들이 새롭게 구성한 이야기로 보고 있다.

조계 혜능(曹溪慧能)과 대통 신수(大通神秀)

중국 선종에 법의 등불이 이어진 기록을 정리한 문서를 전등사서(傳燈史書)라 일컫는데, 가장 먼저 등장한 것이 『전법보기(傳法寶紀)』(712~713)라는 책이다. 『전법보기』에는 7대 조사로 '보리달마 – 혜가 – 승찬 – 도신 – 홍인 – 법여 – 신수'로 기록하고 있다. 중국 선종사에서 조사들의 법계를 논한 최초의 기록은 689년 무렵 조성된 법여선사(法如禪師) 비문이었다. 이 비문에는 '달마 – 혜가 – 도신 – 홍인 – 법여' 순이었는데, 『전법보기』는 이를 참조해 신수가 법여의 법을 이은 것으로 기록한다. 이러한 흐름을 이어 기록된 책이 정각(淨覺)이 지은 『능가사자기(楞伽師資記)』(713~716)다. 능가사(楞伽師), 즉 『능가경(楞伽經)』의 스승들을 기록한 책이다. 중국의 초기 선종이 『능가경』을 중시했음을 알 수 있다. 이 책에서는 '달마-혜가-승찬-도신-홍인 – 신수·현색·혜안 – 보적·경현·의복·혜복' 등을 열거한다. 이처럼 중국에서 성립된 초기의 전등사서는 신수를 중심으로 한, 후대에 북종선이라는 이름으로 불린 능가사들의 법맥으로 먼저 성립됐다. 그러면 중국 선종의 6대 조사로 불리는 혜능은 어떻게 된 것일까? 이때 혜능을 중국 선종의 6조로 추앙하는 드라마를 연출한 하택

제1 마하가섭(摩訶迦葉)

제2 아난다(阿難陀)

제3 상나화수(商那和修)

제4 우바국다(優婆掬多)

제5 제다가(提多迦)

제6 미차가(彌遮迦)

제7 바수밀(婆須密)

제8 불타난제(浮陀難提)

제9 복태밀다(伏馱密多)

제10 협(脅)

제11 부나야사(富那夜奢)

제12 마명(馬鳴)

제13 가비마라(迦毘摩羅)

제14 용수(龍樹)

제15 가나제바(迦那提婆)

제16 라후라다(羅睺羅多)

제17 승가난제(僧伽難提)

제18 가야사다(伽耶舍多)

제19 구마라다(鳩摩羅多)

제20 사야다(闍夜多)

제21 바수반두(婆修盤頭, 세친世親)

제22 마나라(摩拏羅)

제23 학륵나(鶴勒那)

제24 사자(師子)

하택 신회(荷澤神會)

신회라는 걸출한 연출자가 등장한다. 신회의 인생도 드라마였다. 처음에는 신수의 문하에서 공부했으나 후에 혜능에게서 가르침을 받았다. 신회는 스승 혜능을 중국 선종의 6대 조사 반열에 올렸으나, 본인은 7대 조사로 인정받지 못한 인물이다.

신회는 혜능을 정통의 조사로 만들기 위하여 의발(衣鉢) 개념을 도입했는가 하면, 『보리달마남종정시비론(菩提達摩南宗定是非論)』을 통해 기존에 통행되던 조사의 계보를 흔들었다. 6대 조사는 다름 아닌 조계 혜능이고, 자신이 그 후계자라는 주장을 펼쳤다. 이른바 남종(南宗)과 북종(北宗)의 대립, 돈점(頓漸)의 대립을 부추긴 것이다.

여기서 '달마 – 혜가 – 승찬 – 도신 – 홍인 – 혜능'으로 이어지는 남종선의 계보를 주창하고 법통설을 내세워, 신수로부터 이어진 북종은 방계(傍系)이고 혜능의 남종이야말로 달마의 정종(定宗)을 계승했다고 주장한다. 그리고 그 정통은 신회 자신으로 계승된다고 했다.

이같은 신회의 주장에 따라 성립한 전등사서가 『역대법보기(曆代法寶記)』(774)다. 이어서 등장한 것이 약칭으로 『조계대사전(曹溪大師傳)』(781)으로 불리는 책이다. 『조계대사전』에 이르러 인도로부터 중국으로 이어진 '33조사설'이 확립된다. 이 책에서 인도의 조사 계보는 마하가섭을 제1조로 시작하고 중국으로 넘어온 달마대사가 28조가 된다. 이어 '달마 – 혜가 – 승찬 – 도신 – 홍인 – 혜능'으로 이어지는 33조사가 성립된다. 달마대사는 인도에서 중국으로 넘어온 28조인 동시에 중국 선종의 초조(初祖)가 된다. 33조사설은 『육조단경』, 『보림전(寶林傳)』(801)으로 이어진다.

• 참고문헌

김호귀, 「선종의 법맥의식과 전승사서의 형성」, 『불교학보』 68집, 동국대 불교문화연구원, 2014년.

제25 바사사다(婆舍斯多)

제26 불여밀다(不如密多)

제27 반야다라(般若多羅)

제28 보리달마(菩提達磨)

제29 혜가(慧可)

제30 승찬(僧璨)

제31 도신(道信)

제32 홍인(弘忍)

제33 혜능(慧能)

이 세상은 곧 자성(自性)의 드러남, 근원인 자성으로 무차별을 깨우치다

『단경』의
현대적 가르침

특집. 깨닫다 - 혜능과 육조단경

글. 강지언

『단경』을 둘러싼 새로운 사실들

『단경』은 육조 혜능(六祖 惠能)의 전기와 가르침을 담은 문헌으로, 현재 동아시아 선(禪)불교에서 매우 중시한다. 그런데 학계에서는 『단경』에 관한 종래의 통념을 흔드는 사실들이 드러나고 있다.

『단경』의 초기본은 돈황(敦煌) 막고굴에서 발견된 돈황본으로, 8세기 말에서 9세기 초(약 780년경에서 810년대 추정)에 작성됐다. 본문에는 제자 법해(法海)가 혜능의 가르침을 집록했다고 밝히고 있으나, 그를 실존 인물이라 보기는 어렵다. 『단경』의 실제 저자에 대해서는 동서양 학계에서 여러 추정이 있으나 신회(神會) 계열에서 작성됐으리라는 의견이 주를 이룬다.

우리에게 익숙한 『단경』의 지위는 선불교가 중국불교를 대표하는 종파로 성장한 송대(宋代)에 확정됐다. 마조(馬祖)를 중심으로 하는 조사선(祖師禪)이 선양되면서 마조의 선조로서 혜능의 인기 역시 부상하며 『단경』의 위상도 올라간 것이다. 그 이전까지 『단경』은 그다지 주목을 받지 못했으며 몇몇 승려들은 『단경』의 가르침에 의문을 제기하기도 했다.

또한 2000년대부터 중국에서 수많은 비석이 발굴되면서 현재까지 비문집이 출간되고 있다. 여기에는 초기 선불교의 실제 양상을 알 수 있는 당대(唐代) 비문도 포함된다.

초기 선사들의 주요 활동지는 경전 제작, 불상 숭배보다는 내적 수양을 중시하던 '낙양(洛陽)'이었다. 신수(神秀)와 그의 제자 보적(普寂)은 승속을 막론하고 많은 제자를 뒀으며, 특히 보적은 포교에서 빼놓을 수 없는 인물이었다. 이와 달리 혜능을 육조로 선양한 신회를 따른 이들의 수는 많지 않았다. 신회가 혜능 생전에 그의 가르침을 사사 받았을 가능성 역시 크지 않다. 그 외에도 제자들은 선사들의 가르침에 따라 마음 수행을 하며 자신을 선중(禪衆)으로 여겼지만, 간경(看經, 경전을 보거나 소리 내어 읽는 것), 염불 등 여타 수행에도 매진했다. 즉, 선불교는 포교 초기부터 종파적 배타성을 가지지 않았다.

무엇보다 놀라운 사실은 신수와 보적을 스승으로 둔 이들이 두 선사의 가르침을 '돈교(頓教)', '돈법(頓法)'으로 여겼다는 점이다. 이는 우리가 받아들여 온 '신수=북종(北宗)', '혜능=남종(南宗)'과는 상이하다. 따라서 『단경』 속 신수와 혜능은 역사적 인물로서의 두 선사를 가리킨다기보다 『단경』이 말하고자 하는 바를 상징적으로 나타내는 등장인물이라 할 수 있을 것이다. 이에 『단경』을 문학작품으로 볼 필요가 있다는 성본 스님의 지적은 매우 중요하다.

그렇다면 『단경』에는 사상적 중요성이 없을까? 그렇지 않다. 문학(literature)과 철학(philosophy)의 구분은 근대 서양의 학문적 분류 체계다. 중국 설화 및 전기 연구자들은 특정 문헌이 역사적 사실과 다르다고 해서 배척하는 태도는 '역사'에 더 큰 가치를 두는 서양 중심적인 편견에서 비롯된 판단이라고 말한다. 오히려 중국 전기는 언제나 문헌을 편찬한 이들이 자기가 속한 세계관을 반영하는 동시에 독자에게 전하고자 한 사상을 담고 있었다. 『전법보기(傳法寶紀)』, 『능가사자기(楞伽師資記)』, 『조계대사전(曹溪大師傳)』, 『역대법보기(曆代法寶記)』 등 초기 선불교의 전등사서(傳燈史書) 역시 단순한 전법의 기록이 아니라 편찬자가 주장하고자 한 사상서이기도 하다.

『단경』도 시대를 거듭해 재편되며 현대에 이르렀다. 따라서 지금의 우리에게도 유효한 교훈을 안겨줄 수 있다. 이에 필자는 덕이본(德異本) 『육조대사법보단경(六曹大師法寶壇經)』(이하 『단경』)을 중심으로 신수와 혜능의 게송을 살펴보고, 혜능 게송의 현대적 의의를 고찰하고자 한다.

신수의 게송과 혜능의 게송

『단경』이 그리는 두 선사는 여러 면에서 대비된다. 신수는 학식이 높아 교수사(教授師, 계를 받은 이에게 의식과 규범을 가르치는 스님)로서 동학(同學)에게도 존경받는 인물이다. 반면, 혜능은 아버지의 좌천으로 영남(嶺南)인이 됐으며 나무를 내다 팔아 생계를 꾸리느라 글조차 제대로 알지 못하는 인물이다. 그러나 그는 우연히 '응당 머문 바 없이 마음을 낼지니'라는 『금강경』 구절을 듣고는 『금강경』을 수지하면 스스로 견성성불(見性成佛)할 수

의발을 전수받은 혜능은 남쪽으로 향해 기나긴 은둔생활을 한다. 은둔생활을 마치고 나와 정식으로 수계를 받고 법을 설하기 시작한 곳이 법성사(法性寺, 현 광효사)다. "바람이 움직이는가, 깃발이 움직이는가"라는 선문답이 전해지는 곳이다.

중국 광주의 광효사(光孝寺)에 있는 「육조비상(六祖像碑)」 탁본. 탁본은 1940년경 이뤄졌다. 사진 『지나문화사적(支那文化史蹟)』 제3집.

있다고 말한 홍인(弘忍)을 찾아간다.

혜능은 정말 일자무식이었을까? 어째서 『단경』은 혜능을 글 모르는 이로 그렸을까? 여기에 대해서는 많은 해석이 있지만 두 선사의 게송과 결부해 본다면 법신(法身, dharmakāya)에 대한 선불교의 특징적인 해석을 나타내는 것으로 읽을 수 있다.

대승에서 '법신'은 근대 서양의 심신이원론(心身二元論)으로는 온전히 해석될 수 없는 중요한 개념이다. 산스크리트어 '카야(kāya)'에는 가시적·물리적 몸 외에도 모음·핵심·체현 등의 의미가 있기에 부처의 법신은 부처가 증득한 진리의 모음, 진리의 정수이기도 하다. 특히 중국에서는 다르마타(dharmatā) 역시 '법신'으로 번역되면서, 법신은 법성(法性), 진여(眞如), 여여(如如), 여실(如實) 등의 동의어로 의미가 확장됐다.

혜능은 사람에게는 남북(南北)이 있을지언정 불성에는 남북이 없으며 불성은 무차별하다는, '자성(自性)'으로 답한다.

대승에서 법신은 불법의 모음집인 '경전'이기도 했다. 따라서 경전을 수지독송 및 해설하는 법사(法師)는 마치 여래와 같은 존재로 추앙받았다. 그러나 선불교는 불성(佛性)사상을 받아들이는 동시에 부처의 법신은 자성청정심(自性淸淨心)의 근원으로서 오직 마음에 있다고 보았다. 종래 교학(敎學) 중심의 불교에서는 부처가 증득한 최고의 진리가 경전에 있다고 여겼기에 경전과 이를 해설하는 법사를 중시했다. 그러나 선불교에서는 자기의 마음, 즉 중생심(衆生心)에 이미 최고의 진리가 있다. 따라서 경전의 문자보다도 자기 마음이 중요하다. 이는 "우리들의 참된 법신은 법불(法佛)이 얻은 바로, 모든 화불(化佛)이 설하고 전한 문자를 여의었다"라는 『전법보기』나 "법신은 공적하여 견문이 미치지 못하니 문자어언(文子語言)은 헛된 시설(施設)이다"라는 『능가사자기』의 구절에서도 잘 나타난다.

주목할 점은 『전법보기』의 법·화불은 보리달마(菩提達磨)가 중시했다고 전해지는 4권 『능가경』의 표현이다. 여기에서 법불을 대표하는 비유 중 하나로 거울이 등장한다. 그리고 거울의 대표적인 특징이 바로 '돈(頓)'이다. 『능가경』에서는 여래 법신의 성취를 돈과 점(漸) 양면에서 설명한다. '점'은 과일의 숙성, 예술 및 기술의 숙련처럼 점차 이뤄진다. 반면, '돈'은 맑은 거울이 일체의 형상을, 일월(日月)이 만물을 비추듯이 단박에 이뤄진다. 『능가경』은 법불에서 화불이 나온다고 설명하며 돈점을 나눠 보지는 않았지만, 선불교에서는 법불을 진불(眞佛)로 본다. 따라서 모든 이들의 마음에는 부처가 증득한 최상의 진리가 이미 내재하기에, 점진적인 과정 없이 단박 깨달을 수 있는 것이다.

특히 『금강경』을 포함한 반야부 경전에서 법신은 부처가 선정으로 이룩한 최상의 지혜, 반야바라밀이다. 지혜가 완전해지면 다른 다섯 바라밀도 완성되기에 반야바라밀은 육바라밀의 근원이자 완성이다. 여기에서 반야의 지혜는 제법의 공성(空性)에 대한 통찰이다.

이를 『단경』에 적용하면 다음과 같다. 법신은 부처의 성품으로서 문자 이전에 이미 모두의 마음에 있다. 혜능은 글을 몰라도 반야의 지혜가 있기에 『금강경』의 한 구절을 듣는 순간, 대오(大悟)해 불도를 걷게 됐다. 그렇기에 그는 홍인과의 만남에서 자신의 미천한 출신을 지적하는 스승의 물음에도 태연했다. 도리어 혜능은 사람에게는 남북(南北)이 있을지언정 불성에는 남북이 없으며 불성은 무차별하다는, '자성(自性)'으로 답한다.

신수와 혜능 게송의 차이 역시 자성에 대한 이해에서 나온다.

"몸은 보리수(菩提樹)요

마음은 명경대(明鏡臺)니

부지런히 털고 닦아서
먼지가 묻지 않도록 하라."

신수는 박식할지언정 '보리(菩提)'와 '명경(明鏡)'에 각각 '수(樹)'와 '대(臺)'라는 불필요한 상(相)을 덧붙인다. 따라서 그의 게송을 본 홍인은 신수가 아직 무상보리(無相菩提)를 깨치지 못했다고 평가하며, 자기 본심을 알고 자기 본성을 보는 것이 무상보리의 자성이라 말한다. 혜능 역시 신수의 게송을 보고 그의 한계를 알아차린 후, 곧바로 자신의 게송을 읊는다.

"보리는 본래 무수(無樹)이고
명경 역시 대(臺)가 아니니
본래무일물(本來無一物)이거늘
어디에 먼지가 있으리오."

'본(本)'은 그 무엇에도 기대지 않는 '근원적인 있음'을 뜻한다. 따라서 '보리'와 '명경'은 수행에 의지해 실현되는 것이 아니라 '이미 온전히 존재'한다. '수'나 '대'는 필요하지 않은 것이다. 그렇기에 거울에 먼지가 쌓이지 않도록 부지런히 수행해야 한다고 말하는 신수와 달리, 혜능은 자성이 본래 청정함을 강조하며 보리와 번뇌가 둘이 아니라 말한다. 신수의 게송은 번뇌를 '제거해야 할 것'으로 여기는 유상에 매여 있다. 따라서 보리와 번뇌, 명경과 먼지의 이변(二邊)에 빠진다. 반면, 혜능은 무상보리의 자성을 알기에 상에서 자유로우며, 따라서 머문 바 없이 마음을 내는 『금강경』을 체화한 인물로 그려진다.

현대 과학과 『단경』

두 선사의 게송은 현대 과학과도 접점이 있다. 인지언어학자 조지 레이코프(George Lakoff)는 인간의 의식이 언어와 밀접한 관계에 있음을 밝혔다. 누구나 특정 단어를 듣는 즉시, 해당 단어가 활성화하는 인지적 틀에 쉽게 광효사에는 혜능이 삭발한 곳으로 알려진 보리수나무와 삭발한 머리카락이 안장돼 있다고 전해지는 탑이 있다.
혜능은 광효사를 떠나 인근의 대범사(大梵寺)에 머물며 법을 설한다.
이를 편집한 책이 『육조단경』이다.
남화사에는 혜능의 것으로 전하는 등신불이 모셔져 있다.

중국 광주의 광효사(光孝寺)에 있는 「중수육조보리비기(重修六祖菩提碑記)」 탁본.
사진 『지나문화사적(支那文化史蹟)』 제3집.

갇히곤 한다. 심지어 그 단어가 속한 문장이 단어를 부정하는 뜻을 담고 있다 하더라도 말이다. 누군가 우리에게 "코끼리는 생각하지 마"라고 요구한다면 원칙적으로는 코끼리를 생각하지 않아야 한다. 하지만 우리의 뇌는 자꾸만 코끼리를 떠올리고 만다. 오히려 생각하지 않으려 할수록 코끼리에 대한 갖가지 생각이 꼬리에 꼬리를 물고 올라온다.

스키 선수들이 유념하는 내적 원칙도 또 다른 예가 될 수 있다. 가파르고 미끄러운 길을 빠른 속도로 내려가는 스키 선수들에게 나무 같은 장애물은 단 한 번의 충돌로도 사망에 이를 수 있는 위험 요소다. 그러나 "나무를 피해야 한다"라는 다짐은 오히려 그들을 나무로 이끌 수도 있다. 그들의 뇌가 '나무'를 인식하면서 무의식적으로 곁가지의 나무를 시야의 중심으로 불러들여 오기 때문이다. 대신 그들이 가져야 하는 생각은 그저 "길을 따라가라"이다. 장애물 대신 가야 할 길에 초점을 맞춤으로써 선수들은 나무들을 저절로 피할 수 있게 된다.

혜능은 무상보리의 자성을 알기에 상에서 자유로우며, 따라서 머문 바 없이 마음을 내는 『금강경』을 체화한 인물로 그려진다.

뇌 과학에서는 이를 "뇌는 부정을 인식하지 않는다"라고 해석한다. 그리고 뇌에게 긍정어를 입력시키는 편이 훨씬 효과적이라고 말한다. 이를 긍정과 부정의 이분법 대신 불교적으로도 해석할 수 있다. 상에는 '눈으로 보거나 귀로 듣는 대상에 마음이 반응하여 일어난 개념'이라는 뜻이 있다. 마음이 대응해 일어날 수 있는 것은, 거기에 대응할 수 있는 무언가, 즉 대상을 '어떠한 것'으로서 실재라 여기는 유(有)의 상이 있기 때문이다.

이를 신수와 혜능의 게송에 적용해 보면, 부지런히 털어 먼지가 묻지 않게 하라는 신수의 게송은 '먼지'를 실체로 여겨 도리어 먼지에 집착하게 만들 수 있다. 먼지를 털어내려 할수록 우리의 마음이 먼지에 초점을 맞추게 되기 때문이다. 반면, 혜능의 게송은 본래무일물이기에 '먼지'조차 필요치 않다고 말한다. 나아가는 길에 집중해 도착지에 다다르는 스키 선수들처럼 혜능 역시 본래의 자성을 깨치면 된다고 말한다. 그렇기에 『단경』은 신수와 북종의 가르침을 유상의 한계를 지닌 것으로 보았다.

이처럼 『단경』의 주장은 현대 과학과도 상통하는 부분이 있다. 그런데 『단경』은 한 걸음 더 나아간다. 뇌 과학에서는 부정을 긍정으로 대체하라고 권고한다. 그러나 긍정과 부정은 비록 내용은 다르다 하더라도 모두 상에 해당한다. 게다가 하나의 상은 필연적으로 또 다른 상을 일으킨다. 어떠한 것을 '먼지'라 한다면 '먼지가 아닌 것'의 상이, 어떠한 것을 '청정'이라 한다면 '청정 아닌 것'의 상이 함께 있는 것이다. 따라서 『단경』은 먼지뿐 아니라 '청정'을 세워 간(看)하는 태도가 도리어 장애가 될 수 있다고 말한다. 상을 상으로 깨뜨려 없앨 수는 없다. 오직 그 어떤 상도 없는 무상보리(無相菩提)에 의해 자성을 봄으로써 상은 저절로 사라질 뿐이다.

분열의 시대에서 『단경』과 살아가기

우리는 그 어느 때보다 수많은 상에 둘러싸여 살아가고 있다. 세대, 성별, 정치 등 다양한 범주에서의 논의는 끊이지 않는다. 구세대와 신세대, 남성과 여성, 좌파와 우파 등 여러 이분법적 용어는 현대인의 정체성을 구성하는 요소가 됐다.

나아가 미디어 플랫폼이 확산하면서 점점 더 많은 이들이 '나'에 대해 말한다. '나'라는 내용은 소중한 콘텐츠이자 '너'와 구별되는 '나'라는 사람의 가치와도 직결된다. 그러나 대승의 시각에서는 '아(我)'와 '법(法)' 모두 공하기에 '나'를 규정하는 모든 개념 역시 공하다. 따라서 수많은 범주를 나에게 적용하려는 시도는 환상의 밧줄로 자신을 옭아매는 것과 다르지 않다. 우리는 갖가지 상 속에서 상을 짓고 상에 물들어있으면서도 이를 알지 못한 채 상의 세계를 헤매고 있다. 제법의 공성을 여실히 아는 반야의 지혜가 우리 마음에 있음에도 말이다.

정체성에 관한 상이 인간의 의식에 어떠한 영향을 끼치는지 보여주는 실험 하나가 있다. 한 집단의 흑인 소녀들은 흑인으로서의 정체성을 자각한 후에 수학 시험을 치렀을 때, 비교군에 비해 유의미하게 낮은 점수를 받았다. 자신을 흑인으로 여기는 순간, 흑인은 수학에 서툴다는 통념도 무의식적으로 받아들였기 때문이다. 이 실험이 시사하는 바는 『단경』의 가르침과도 이어진다.

우리의 참된 성품은 본래 스스로 청정하며, 생멸하지도 않고, 스스로 구족하며, 움직임 없이도 만법을 내는 자성이다. 따라서 나와 타인은 모두 똑같은 불성(佛性)을 자성으로 가지고 있기에 차이는 없다. 또한, 자성에서 만법이 나오기에 이 세상은 곧 자성의 드러남이다. 나타난 양상으로 볼 때는 다양하지만, 근원인 자성으로 볼 때는 무차별한 하나인 것이다. 그렇기에 지금 바로 여기에서 자성을 깨치면 그대로 부처이다. 이처럼 갖가지 차이와 구별의 길을 힘겹게 걸어가는 우리에게 바로 그 두 다리 아래에 항상 자성이 있음을 일러주는 『단경』은 현재에도 깊은 울림을 안겨준다. ◐

강지언

서울대학교 종교학과 선불교 전공으로 박사과정에 있다. '중국 초기 선불교의 부처 이해' 및 '조선 선불교 속 초기 선불교 사상'을 공부하고 있다. 2020년 제3회 성운학술상 우수상, 2021년 제4회 성운학술상 우수상, 2023년 제13회 만해학술상 대상을 받았다.

재가(在家)의 수행

대사께서 말씀하셨다.

"선지식이여, 수행하고자 한다면 재가(在家)에서도 가능하니, 절에 있어야만 하는 것은 아닙니다. 절에 있으면서 수행하지 않는다면 서방정토에 있어도 마음은 악한 사람과 같고, 재가에서도 수행을 한다면 동방에 사는 사람이 선업을 닦는 것과 같습니다. 다만 스스로가 청정함을 닦으리라 서원한다면, 그곳이 바로 서방정토입니다."

사군(使君)이 물었다.

"화상이시여, 재가에서는 어떻게 닦아야 합니까? 가르쳐 주십시오."

대사께서 말씀하셨다.

"선지식이여, 혜능이 출가자와 재가자들에게
무상송(無相頌)을 지어드릴 터이니,
모두를 외워서 이에 의지해 수행한다면
언제나 혜능이 설한 내용과 매한가지로
다름이 없을 것입니다."

송은 이러하다.

"말씀에도 통달하고 마음에도 통달하니
허공에 걸린 해와 같다네.
오로지 돈교법을 전하여
세간에 나아가 삿된 종지를 깨뜨리리라.
가르침에는 돈점이 없으나
미혹함과 깨달음에는 느리고
빠름이 있다네.
돈교법을 배우기만 한다면
어리석은 사람이라고 미혹할 수 없다네."

- 조영미 외 역, 『돈황본 육조단경』(운주사) 중에서

혜능 선(禪)의 전개

본래성(本來性)과 현실태의 긴장과 모순

혜능 돈오선(頓悟禪)의 전개

특집. 깨닫다 – 혜능과 육조단경

글. 오용석

혜능 이후 남종선의 전개

육조 혜능(六祖惠能, 638~713) 이후의 선은 기본적으로 남종선(南宗禪)으로 정의됐다. 여기서 남종선(南宗禪)은 신수(神秀, 606~706)의 북종선(北宗禪)과 대비되는 의미를 갖는 것으로 단순히 지역적인 구분에 한정되지 않는다. 남종의 선은 기본적으로 '남천축일승종(南天竺一乘宗)'이라는 보리달마(菩提達磨)의 가르침을 직접적으로 이었다는 관념이 담겨 있다.

그렇다면 보리달마 선(禪)의 핵심은 무엇일까? 그것은 마음 밖에 부처를 세우지 아니하고 마음과 부처를 등치해 관념의 부처를 탈각시키는 그러한 선이다. 남종은 북종에 대해 "사승(師承)은 방계(傍系)요, 법문(法門)은 점오(漸悟)다"라고 하면서 자신들이 가진 선법의 특징을 '돈오(頓悟)'로 파악했다. 돈오는 깨달음이라는 사건이 시간과 공간, 단계적 수행과 인과적 행위를 통해 일어나지 않는 '몰록 깨침'을 의미한다. '몰록 깨침'이란 자신과 세상을 바라보는 시각의 질적 전환이며 비약이다.

혜능의 남종선은 '남악(南岳)-마조(馬祖)'계와 '청원(青原)-석두(石頭)'계로 나뉘어 발전했다. 남악-마조계의 선은 후에 위앙종(潙仰宗)과 임제종(臨濟宗)으로, 청원-석두계의 선은 조동종(曹洞宗), 운문종(雲門宗), 법안종(法眼宗)의 '선종 오가(禪宗 五家)'로 발전했다. 이와 관련해 법안종의 법안 문익(法眼文益, 885~958)은 『종문십규론(宗門十規論)』에서 다음과 같이 말했다.

"혜능(慧能)이 가신 뒤 행사(行思), 회양(懷讓) 두 대사가 나와 교화(敎化)를 이었다. 행사 스님으로부터 희천(希遷) 스님이 배출되고 회양 스님에게서 마조(馬祖) 스님이 나와 강서(江西) 마조, 석두(石頭) 희천이라는 이름이 붙게 되었다. (…) 덕산(德山), 임제(臨濟), 위앙(潙仰), 조동(曹洞), 설봉(雪峰), 운문(雲門)에 와서는 각자 높고 낮은 품격(品格)대로 가풍(家風)을 세워 법을 펼쳤다."

– 『종문십규론』 중에서

마조계와 석두계를 중심으로 하는 중국선은 중당(中唐, 766~820)과 만당(晩唐, 827~906) 시기를 거쳐 전개됐는데, 법안 문익은 당시 선종이 다양한 가풍을 통해 전개되고 있음을 피력한 것이다.

이 글에서는 마조계와 석두계의 선이 갖는 특징을 중심으로 혜능의 돈오선이 어떻게 전개됐는지 살펴볼 것이다. 마조계와 석두계의 선사들은 혜능의 돈오법을 자신들 선법의 핵심으로 삼았다. 이들은 혜능으로부터 강조된, 말 한마디 아래 깨달음을 얻는 '언하돈오(言下頓悟)'의 선법을 일상 속에서 실현 가능한 방식으로 구체화했다.

혜능의 선이 신수의 선법을 의식하며 자신만의 특색을 드러내며 중국 조사선(祖師禪)의 기틀을 확립했다면 마조계와 석두계는 고함을 치거나 몽둥이를 들기도 하는 등, 보고 듣고 깨닫는 '견문각지(見聞覺知)'라는 구체적인 작용을 활용하는 선문답(禪問答)을 발전시켰다. 이들에 의해 전개된 선문답은 '선을 주제로 하는 문답'이라는 소극적 의미가 아닌 평범한 일상을 비범한 일상으로 전환하는 삶의 예술이었다. 선문답은 우리가 갖고 있는 사량분별(思量分別), 즉 자신과 세계를 관념과 개념으로 쪼개어 집착하는 마음을 근본적으로 분쇄시키는 것이다.

'작용즉성'을 강조하는 마조계의 선풍

먼저 마조 도일(馬祖道一, 709~788)과 남악 회양(南岳懷讓, 677~744)의 문답을 살펴보자.

> **양화상(讓和尙)은 그가 법기(法器)임을 알아차리고 다음과 같이 물었다. "대덕(大德)은 무엇 하려고 좌선을 하는가?" 마조가 말했다. "부처가 되고자 합니다." 그러자 회양은 부근에 있던 기왓장 하나를 집어 들고 마조 앞에서 갈아대기 시작했다. 마조가 물었다. "기왓장을 갈아서 무엇 하려고 합니까?" 회양이 말했다. "거울로 만들려고 한다." 이에 마조가 말했다. "그런다고 기왓장이 거울이 될 수 있습니까?"**

이 말을 듣고 회양이 바로 말했다. "기왓장이 거울이 될 수 없듯이 좌선한다고 부처가 될 수 없다." 마조가 물었다. "어떻게 해야 합니까?" 회양이 말했다. "소가 수레를 끌고 가는데 수레가 나아가지 않는다면, 수레를 다그쳐야 하는가 아니면 소를 다그쳐야 하는가?"

-『마조어록(馬祖語錄)』 중에서

이러한 마조와 회양의 문답은 '마전작경(磨磚作鏡)'의 일화로 잘 알려져 있다. 위 문답의 핵심 내용은 다음과 같다. 첫째, 좌선을 통해서 부처가 되려고 하는 것은 헛된 짓이다. 둘째, 달구지가 멈추면 소를 때려 달구지를 움직이게 하는 것처럼 부처란 특정 행위를 통해 이루는 것이 아니라 문제의 근원이 되는 핵심을 파악해야 한다. 여기서 좌선을 통해 부처가 되려고 하는 것은 스스로 부처가 아님을 반증하는 것이다.

선불교에서는 '본래성(本來性)'을 강조한다. 본래성이란 우리는 이미 부처라는 의미로서 '부처'와 '중생'이라는 이분법적 개념을 근본적으로 부정하는 '절대적 부정'이기도 하다. 본래 부처이기에 수행이나 좌선 등의 모든 인위적인 행위가 부정된다. 그래서 '부처가 된다'라는 '주어+술어'적 용법은 남종선의 근본 사상과 부합되지 않는다.

'본래성'에 대한 강조는 본질과 현상이라는 이분법적 시각과 다른 접근 방식이다. 본래성은 본질과 현상의 모든 것을 포함하는 입장에서 '작용'에 대한 절대 긍정으로 표출된다. 그래서 마조는 '마음이 곧 부처이다'라는 '즉심즉불(卽心卽佛)', '작용이 곧 성이다'라는 '작용즉성(作用卽性)', '평상심이 도이다'라는 '평상심시도(平常心是道)'를 강조했다.

여기서 '마음', '작용', '평상심'은 우리가 직접 경험 가능한 현상적 양태다. 그리고 '부처', '성품', '도'라고 하는 것은 현상을 초월한 본질이자 근본이다. 그런데 이 둘은 근본에서 다르지 않다. 본질과 현상은 본래가 둘이 아닌 하나이기 때문이다. 마조는 다음과 같이 말했다.

"자네가 혹시 마음을 알고 싶다고 말한다면, 지금 바로 이와 같이 말하고 있는 것이 바로 자네의 마음이다. 이 마음을 바로 부처라고 하는 것이며, 실상법신불(實相法身佛)이라고 하는 것이며, 도(道)라고도 하는 것이다. (…) 그러나 사대(四大, 땅·물·불·바람)로 이루어진 육신은 생멸하지만, 영각의 성품(영각지성靈覺之性)은 생멸하지 않는다. 자네가 지금 이 본성을 깨닫게 되면 이를 이름하여 장수(長壽) 또는 여래무량(如來無量) 혹은 본공부동성(本空不動性)이라고 한다. 과거와 미래의 모든 부처님은 오직 이 성품을 도라고 하여 깨달았다. 지금 자네가 보고 듣고 느끼는 모든 작용(견문각지見聞覺知)이야말로 바로 자네의 본성(本性) 또는 본심(本心)이라고 이름한다. 이 마음을 떠나 따로 부처가 있는 것이 아니다. 이 마음은 본래부터 있고 지금도 여전히 있는 것으로(본유금유本有今有) 조작할 수 있는 것이 아니다. 본래부터 청정하고 지금도 청정해서 일부러 닦아서 깨끗이 할 필요가 없다."

- 『마조어록』 중에서

마조는 '마음이 곧 부처이다'라는 '즉심즉불', '작용이 곧 성이다'는 '작용즉성', '평상심이 도이다'라는 '평상심시도'를 강조했다.

마조의 이러한 '작용'에 대한 강조는 임제 의현(臨濟義玄, ?~867)을 통해 '무위진인(無位眞人)'과 같은 활발발한 인간상으로 제시되기도 했다. 그러나 이러한 본질과 현상을 무화(無化)시키는 본래성에 대한 강조는 거꾸로 그러한 '본래성' 자체가 갖고 있는 초월적 특징을 담화(淡化, 희석)

시키는 결과를 초래했다. 평상심과 일상성에 대한 강조는 선불교의 특징이기도 하지만 오히려 선불교의 초월성 자체를 부정하는 결과를 초래한 것이다. 즉 마음이 부처이고, 평상심이 부처라면 수행도 부정되고, 부처도 부정된다.

석두계의 선풍, 현실태와 본래성

이러한 '작용즉성'을 강조하는 마조계의 선풍에 대해 비판적인 입장을 견지한 것이 석두계의 선이다. 석두로부터 약산(藥山), 약산으로부터 운암(雲巖), 운암으로부터 동산(洞山)으로 이어진 선은 후에 조동종으로 발전했다. 이 가운데 동산의 '과수게(過水偈)'는 마조계와 다른 선의 특징을 잘 보여준다.

> **운암이 입적한 후에 태상재(太相齋)를 치르고 사백(師伯)과 함께 위산으로 가다가 담주에서 큰 개울을 건널 때 사백이 먼저 건너갔다. 동산이 이쪽 둑을 지나 저쪽 둑에 닿기 전에(차안미도피안시此岸未到彼岸時) 물에 비친 그림자를 보고, 크게 앞서의 일을 깨닫고(대성전사大省前事), 안색이 바뀌면서 크게 웃었다. 사백이 물었다. "사제는 무슨 일이 있습니까?" 동산이 대답했다. "사백에게 말씀드립니다. 스승께서 보여주신 고요한 힘을 얻었습니다." 사백이 말했다. "만약 그렇다면 어떤 말이 있어야 합니다." 동산은 바로 게송을 지어 말했다. "절대로 남(타他)에게 구하지 말아야 한다. 나(아我)와는 아득하게 멀어진다. 나(我)는 지금 홀로 가지만, 곳곳에서 그(거渠)를 만난다. 그(渠)는 바로 나(我)이지만, 나는 그(渠)가 아니다. 마땅히 이렇게 알아야만 바야흐로 여여(如如)하게 계합할 것이다."**
>
> **-『조당집』 권5 중에서**

선종 오가(禪宗 五家), 중국 선종의 5개 종파

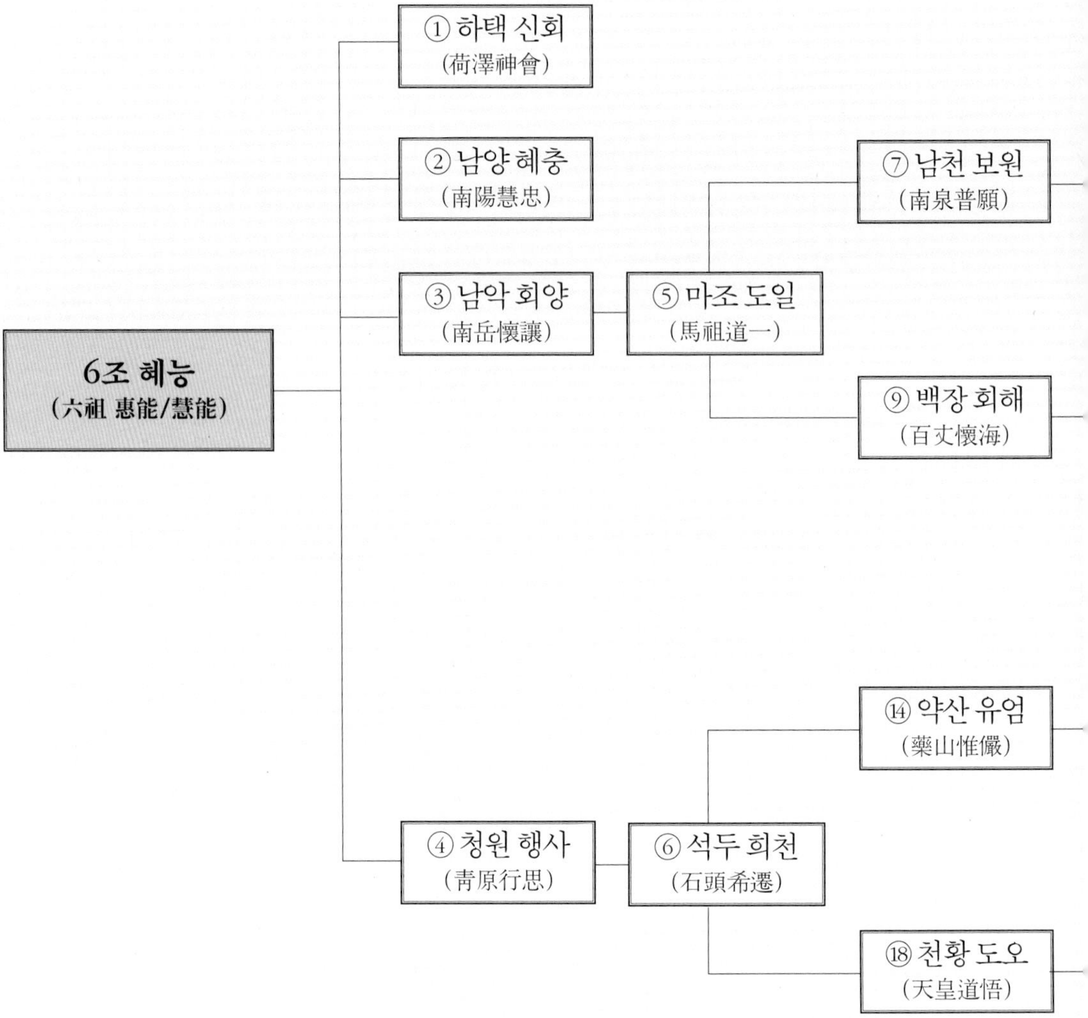

혜능에게서 시작된 남종선은 이후 수많은 제자를 배출했고 여러 문파로 나뉘어 펼쳐졌다. 9세기에서 10세기에 이르러서는 '선종 오가(禪宗 五家)'로 불리는 다섯 종파가 형성됐다. 임제종(臨濟宗), 위앙종(潙仰宗), 조동종(曹洞宗), 운문종(雲門宗), 법안종(法眼宗)으로 불린다. 제자들의

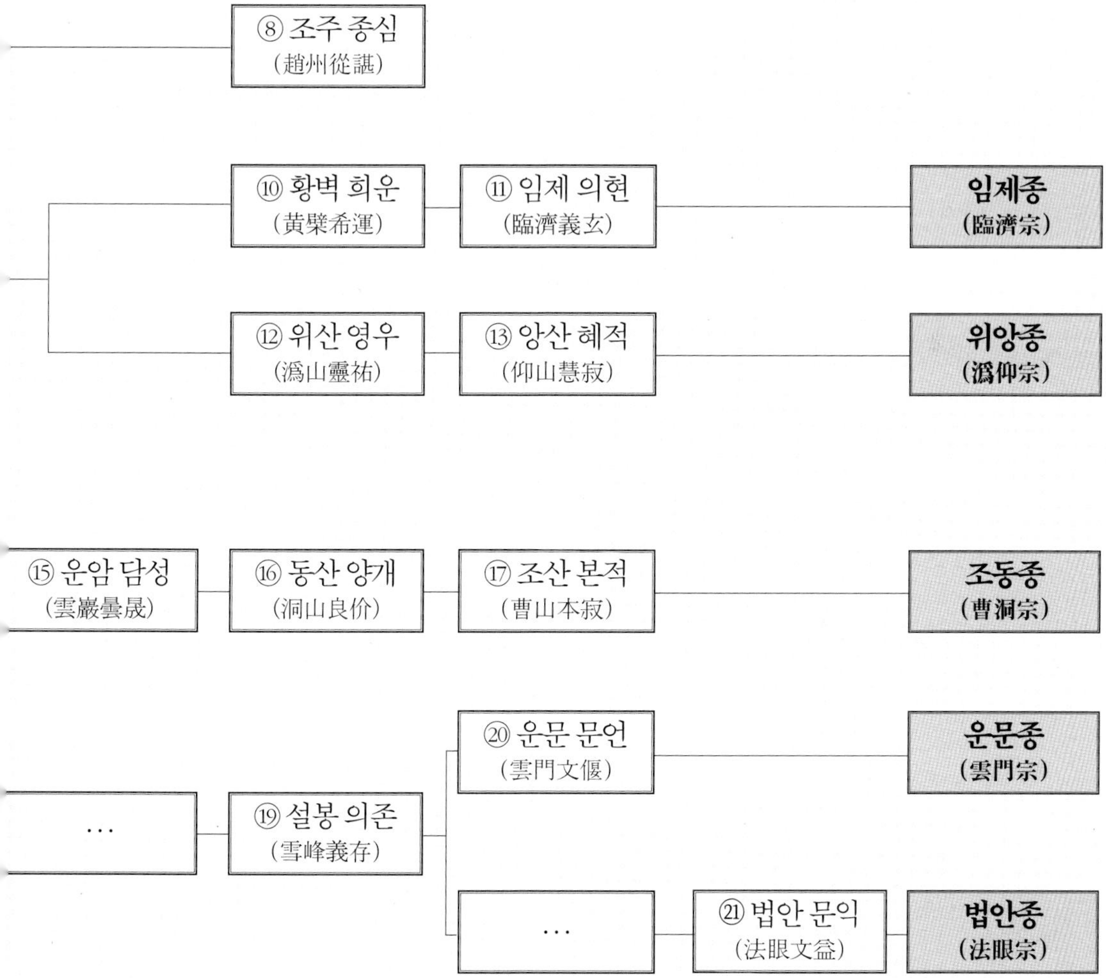

활동도 중요했지만, 회창파불(會昌破佛) 같은 사건도 중요한 분기점이 됐다. 법의 계보를 중시하기 시작해 조사들의 계보가 성립됐으며, 문파를 중심으로 각각 고유하고 독특한 선풍이 일어났다.

① 하택 신회(荷澤神會)

② 남양 혜충(南陽慧忠)

③ 남악 회양(南岳懷讓)

④ 청원 행사(青原行思)

⑤ 마조 도일(馬祖道一)

⑥ 석두 희천(石頭希遷)

⑦ 남천 보원(南泉普願)

⑧ 조주 종심(趙州從諶)

⑨ 백장 회해(百丈懷海)

⑩ 황벽 희운(黃檗希運)

⑪ 임제 의현(臨濟義玄)

⑫ 위산 영우(潙山靈祐)

⑬ 앙산 혜적(仰山慧寂)

⑭ 약산 유엄(藥山惟儼)

⑮ 운암 담성(雲巖曇晟)

⑯ 동산 양개(洞山良价)

⑰ 조산 본적(曹山本寂)

⑱ 천황 도오(天皇道悟)

⑲ 설봉 의존(雪峰義存)

⑳ 운문 문언(雲門文偃)

㉑ 법안 문익(法眼文益)

그림. 허운노화상 편, 『증정불조도영(增訂佛祖道影)』

동산의 스승인 운암 담성(雲巖曇晟, 782~841)은 약산 유엄(藥山惟儼, 751~834)의 제자다. 동산은 운암이 입적할 때 "화상께서 가신 뒤 백 년 뒤에 어떤 이가 선사의 초상을 얻을 수 있는지 묻는다면 그에게 어떻게 말해주어야 합니까?"라고 물었다. 이에 운암은 "단지 그에게 '단지 이 사람일 뿐(지저개한只這個漢)'이라고 말하라"라고 했다. 동산은 운암의 이 말을 이해하지 못하고 크게 의문을 품었는데, 개울을 건너다가 문득 운암의 낙처(落處, 말의 지시 개념을 넘어 의미하는 근본 뜻)를 이해하게 된 것이다.

동산은 '과수게'에서 '아(我)'와 '타(他)'와 '거(渠)'를 말한다. 마조계의 입장에서 이들의 관계는 '아(我)=거(渠)'라는 일원론적 관계로 수렴된다. 우리 마음의 본래성품은 '영각(靈覺)'이고 이 '영각'은 '견문각지(見聞覺知)'라는 작용을 떠나지 않는다. 그래서 '나'를 떠난 '그' 혹은 '그'와 상대된 '나'라는 개념이 성립될 수 없다. 그런데 동산은 '나'와 '그'의 관계를 긍정과 부정의 중첩을 통해 새롭게 드러내고 있다.

"나(我)는 지금 홀로 가지만, 곳곳에서 그(渠)를 만난다. 그(渠)는 바로 나(我)이지만, 나는 그(渠)가 아니다"가 그것이다. '나'는 단독적인 존재이지만 곳곳에서 '그'를 만난다. 또한 '그'는 '나'이지만, '나'는 '그'가 아니다. 이와 같이 '나'와 '그'의 관계는 둘이 아니면서도 하나이지만 하나도 아니다. 하나도 아니지만 둘이기도 하다. 동산은 물에 비친 그림자를 통해 운암이 말했던 '단지 이 사람'을 새롭게 인식한 것이다.

'과수게'에서 '나'는 개울을 건너는 '현실태'의 '나'이다. 이에 비해 물에 비친 '그'는 현상을 초월한 '본래성'의 현현이라고 할 수 있다. '본래성'이란 현상을 떠나지 않지만, 현상

'본래 부처이기에 수행이 필요없다'는 깨달음은 아무런 수행 없이 가만히 있는다고 생겨나는 것이 아니라는 것이다. 자신의 얼굴을 보려는 자각이 있고, 우리는 자신의 얼굴을 볼 수 없다는 자각을 통해 자신의 얼굴을 인식하게 되는 것과 같다.

을 초월한 본래성을 부정해서도 안 된다. 이것은 마치 우리 자신은 스스로의 얼굴을 볼 수 없지만, 자기 얼굴을 보려는 자각이 없으면 자기 얼굴을 의식할 수 없는 것과 같다. 즉 '본래 부처이기에 수행이 필요없다'는 깨달음은 아무런 수행 없이 가만히 있는다고 생겨나는 것이 아니라는 것이다. 자신의 얼굴을 보려는 자각이 있고, 그러한 자각이 좌절되는 변증법적 과정을 거쳐야 우리는 자신의 얼굴을 볼 수 없다는 자각을 통해 자신의 얼굴을 인식하게 되는 것과 같다.

견문각지의 본성이 바로 부처이지만, 견문각지를 본성으로 인식하는 방법은 견문각지를 초월한 '그'의 세례가 없어서는 안 된다는 반성이 마조계의 선사는 물론 석두계의 선사들을 통해 일어났다. 선종사에서 마조계와 석두계의 이러한 흐름은 현실태와 본래성 혹은 현상과 초월 간의 변주를 통해 다양한 방식으로 전개됐다. 송대의 간화선과 묵조선 역시 본래부처와 그것에 이르는 방법으로서 돈오를 강조하지만 시각(始覺)과 본각(本覺)의 차이를 염두에 두면서 자신들의 입장을 정리하기도 했다.

혜능 이후 오가의 종풍,
본래면목을 깨치기 위한 다양한 방편의 제시

이러한 마조계와 석두계의 흐름이 보여주는 의의는 무엇일까? 선불교에서 강조하는 무념(無念), 무위(無爲), 본성(本性), 작용즉성(作用卽性), 무위진인(無位眞人), 본래성불(本來成佛) 등은 우리가 본래 부처이면서 본래의 부처를 자각하지 못하는 현실의 모순을 극복하기 위한 방법의 제시다. 즉 수행을 통해 부처가 되는 것이 아니라 원래의 '영각지성'인 공적영지(空寂靈知) 속에 있으면서도 그것을 대상화해 인식하려는 분별심, 즉 착각에 대한 일소(一掃)가 선불교의 궁극적 목적이다.

이것은 중생이 본래 부처이고 번뇌의 실상이 보리이지만, 본래부처를 자각하기 위해 현실태의 번뇌를 인정하지 않으면 안 된다는 근원적 모순성을 극복하기 위한 계기로 돈오가 요구됨을 의미한다. 마치 자신 스스로 눈을 보지 못하면서 그것을 보아야 한다는 분별심에 의해 자기 눈을 잃었다고 생각하는 사람처럼 중생은 스스로 중생이라는 착각을 버리기 힘들기 때문이다. 잃어버린 눈을 찾는 것은 눈을 찾으려는 노력을 통해 눈을 찾으려는 노력 자체가 좌절될 때만 가능하다.

스스로 눈을 찾으려고도 하지 않는 것은 불각(不覺)의 무명(無明)이다. 그런데 눈을 찾기 위해 자신의 눈을 대상화해 인식하려는 것 역시 착각의 무명이다. 앞에서 언급했던 마조계는 수행 자체를 부정하는 오류에 노출됐고, 석두계는 그것을 극복하기 위해 본래성의 '그(渠)'를 제시했지만 이것 역시 본래의 부처를 자각하기 위한 방편일 뿐이다.

이와 같이 선불교에서는 현실태의 중생과 본래성의 부처를 등치하거나 차이를 강조하면서 본래면목(本來面目)의 공적영지를 자각하도록 유도해 왔다. 본래성을 자각하려는 몸부림도 일종의 무명이다. 그러나 그러한 몸부림을 부정할 수도 없기에 본래성과 현실태의 긴장과 모순을 '문답'과 '참구'라는 방식을 통해 활발발하게 극복하려 했던 것이 바로 혜능 이후 전개된 선종 오가의 종풍이었다.

근기와 상황, 그리고 시대와 환경에 따라 자신들만의 전통을 만들어 왔던 선불교의 독창성이야말로 선의 가장 독특한 정신성이다. 21세기의 현대사회에서도 선의 이러한 정신문화가 꽃피우기를 기원한다.

오용석
원광대 마음인문학연구소 학술연구교수.
동 연구소에서 HK 연구교수를 역임했고,
현재 연구소에서 선불교와 명상 등을
연구하고 강의한다. 동국대 선학과를 졸업하고
동 대학원에서 석사학위를 받았다.
일본 구택대학 교환 유학, 중국 남경대학에서
「대해종고 간화선의 '의정' 연구」로 박사학위를
받고, 서울불교대학원대학교 명상학
박사과정을 수료했다. 선과 명상 관련 다수의
논문 및 저서(공저 포함) 등이 있다. 최근에는
간화선을 체계적으로 연구해 현대적으로
해석한 『현대인을 위한 간화선』(2025, 운주사)을
출간했다.

유통(流通)을 부촉하다

대사께서 게송을 설하시고 나서 또 말씀하셨다.

"너희들은 잘 있거라. 내가 멸도한 후에 세상 인정에 따르지 마라. 슬피 울고 눈물을 흘리거나 남의 조문을 받거나 몸에 상복을 입거나 하면 나의 제자가 아니며 또한 정법이 아니니라. 다만 스스로 본심을 알아서 자기 본성을 보면 동(動)도 없고 고요도 없고 생도 멸도 없고 감도 없고 옴도 없고 옳음도 없고 그름도 없으며 머무름도 없고 떠남도 없느니라. 너희들의 마음이 미혹하여 내 뜻을 알아듣지 못할까 걱정되어 지금 다시 부촉하여 너희들로 하여금 견성토록 하고자 한다. 내가 멸도한 후에 이에 의지하여 수행하면 내가 있을 때와 같거니와 만약 내 가르침을 어긴다면 비록 내가 세상에 있더라도 아무런 이익이 없느니라."

하시고 다시 게송으로 이르셨다.

"차분히 힘써서 선(善)도 안 닦고
활활 놓아 지내 악(惡)도 안 지으며
적적하여 보고 들음 모두 다 끊고
탕탕하여 마음에 집착없이 하라."

대사께서 설하시고 단정히 앉아서 3경이 되니, 홀연 문인에게 이르시기를 "나는 간다"하시고 훌쩍 천화(遷化)하셨다. 이 때에 기이한 향기가 방 안에 가득하고 흰 무지개가 땅에 걸치매 나무숲이 흰빛으로 변하고 새와 짐승들이 슬피 울었다. 11월에 광주, 소주, 신주의 3군(君) 관료와 문인과 신도들이 진신(眞身)을 모셔 가려고 서로 다투어 결정짓지 못하고 있었다. 마침내 향을 살라 기도하기를 "조사께서 돌아가실 곳을 향 연기로 가르키소서"하였더니 향의 연기가 곧바로 조계로 뻗쳤다.

11월 13일 신감(神龕)과 전해 내려온 의발을 조계 보림에 옮기고, 다음해 7월 25일 출감하여 제자 방변이 향니(香泥)로 바르고, 또한 문인들은 '머리를 취해 간다'는 예언을 생각해 철엽(鐵葉)과 칠포(漆布)로 조사의 목을 단단히 싸서 탑에 모시니 탑 속에서 홀연 흰 광명이 곧바로 하늘로 뻗쳐 올라간지 3일 만에 비로소 흩어졌다.
소주 자사가 조정에 주달해 칙명을 받들어 비를 세워, 조사의 도행(道行)을 기록했다. 조사의 춘추는 76이었고, 24세에 의발을 받으셨고, 39세에 축발하셨고, 법을 설하여 중생을 요익하심이 37년이었고, 종지(宗旨)를 얻어 법을 이은 제자는 43인이고, 도를 깨쳐 범부의 자리를 넘어선 자는 그 수를 알 수 없다.
달마 조사가 전하신 신의(信衣)와 중종이 드린 마납가사와 보발(寶鉢)이며, 방변이 만든 조사의 진상과 그 밖의 도구들은 탑을 주관하는 시자가 맡아서 길이 보림도량을 진정시키고 『단경』을 유전케 하여 종지를 나타내고 삼보를 흥륭하여 널리 모든 중생을 이롭게 한다.

– 광덕 역, 『육조단경』(불광출판사) 중에서

유적 따라 살피는 **혜능대사**

글. 김남수
사진. 구광국(아제여행사 대표)

홍인 스님이 전해준 의발을 들고 혜능은 도피 길에 오른다. 홍인 스님은 혜능을 배에 태우고 직접 노를 저어 양자강을 건너면서 말한다.

"그대가 떠난 지 3년 후면 나는 세상과 하직할 것이다.
그대는 이제 잘 가거라. 부지런히 남쪽으로 가라.
그리고 서둘러 설법해서는 안 된다.
법난(法難)이 일어날 것이다."

선종육조도권(禪宗六祖圖卷)에 그려진 5조 홍인(오른쪽)과 6조 혜능(왼쪽) 부분.
달마에서 혜능까지 여섯 명의 조사를 그린 그림으로 중국 명나라 궁정화가 대진(戴進)이 그렸다.
중국 랴오닝성박물관 소장.

대유령(大庾嶺)

대유령(大庾嶺)에 있는 의발석(衣鉢石). 혜능이 대유령에 있는 바위에 의발을 올려놓았다는 것을 상징한다.

수백 명의 대중이 의발을 빼앗으려 혜능의 뒤를 쫓았다. 그중에 혜명(惠明)이라는 스님이 선두에 있었고, 혜능을 따라잡았다. 혜능은 의발을 바위에 내려놓고 풀숲에 숨었다. 혜명이 의발을 집어 들었으나 꼼짝도 하지 않았다. 혜명은 혜능에게 말한다. "혜능 행자여! 나는 법(法) 때문에 온 것이지 의발 때문이 아니다." 혜능이 풀숲에서 나와 말한다. "선도 생각하지 말고, 악도 생각하지 말라! 혜명 상좌의 본래면목은 무엇인가?"

조계(曹溪)에 이르러

혜능은 10여 년을 사냥꾼 무리와 어울렸다고 한다. 이 굴에서 혜능이 수행했다 전해진다. 지금의 동화선사(東華禪寺)다.

남으로 향한 혜능은 조계에 이르러 악인들에게 쫓기기도 하고, 난을 피해 사냥꾼 무리와 더불어 15년을 지냈다. 사냥꾼들은 혜능에게 사냥하는 그물을 지키라 했다. 하지만 혜능은 살아 있는 모든 것은 놓아줬다. 그리고 식사 때마다 채소를 고기 굽는 솥에 넣어 익혔다. 왜 그런가, 라는 질문을 받으면 "혜능은 단지 고기 곁의 채소만 먹습니다"라고 답했다.

혜능이 삭발한 법성사(法性寺)

광효사 육조발탑(六祖髮塔).
혜능이 삭발하면서 나온 머리카락을 모셨다고 전해진다.

때가 온 것을 알아챈 혜능은 무리를 나와 광주의 법성사로 향했다. 인종 법사가 『열반경』을 강의하고 있는 중, 바람이 불고 깃발이 날렸다. 스님 간에 '바람이 움직이는 것인가, 깃발이 움직이는 것인가'를 두고 이야기가 오간다. 혜능이 말한다. "바람이 움직이는 것도 아니고 깃발이 움직이는 것도 아니다. 마음이 움직이는 것이다."
혜능은 인종 법사를 수계법사로 삭발했으며, 인종 법사는 혜능의 덕을 알아보고 그를 스승으로 모셨다. 지금의 광효사다.

육조단경을 설한 대범사(大梵寺)

광주 남화선사(南華禪寺)에는 혜능의 등신불로 전하는 진신(眞身)이 모셔져 있다.

돈황본 『육조단경』의 정식명칭이 『남종돈교 최상대승 마하반야바라밀경 육조혜능대사 어소주대범사시법단경(南宗頓敎 最上大乘摩訶般若波羅蜜經 六祖惠能大師於韶州大梵寺施法壇經)』이다. 육조대사 혜능이 '가장 수승한 대승의 가르침, 남종선의 돈오 가르침을 소주의 대범사에서 설법한 내용을 담은 경전'이라는 뜻이다. 대범사는 바로 혜능이 『육조단경』을 설법한 장소다. 지금의 대감사(大鑑寺)다.

보림사(寶林寺)

혜능이 30년 넘게 머무른 오랜 주석처다. 조계산(曹溪山) 자락에 있으며, 앞으로는 조계의 물줄기가 흐른다. 훗날 제자들이 입적한 혜능의 진신(眞身)을 어디로 모셔야 할지 몰라 헤맬 때, 향에서 피어오르는 연기가 조계(曹溪)를 향했다. 이에 진신과 의발을 조계로 모셔 왔다.
지금의 남화선사(南華禪寺)다. 남화선사에는 혜능의 등신불로 전해지는 진신(眞身)이 모셔져 있다.

- 사진을 제공한 (주)아제여행사는 불교 성지를 전문으로 순례하는 여행사입니다.

해동으로 건너온 조계의 법

도의선사와
가지산문

특집. 깨닫다 – 혜능과 육조단경
글. 동욱 스님

대한불교조계종(이하 조계종)은 종헌 전문에 "아 종조 도의국사께서 조계의 정통법인을 사승하사 가지영역에서 종당을 게양하심으로부터"라 기록하며, 자신의 뿌리를 표현하고 있다. 도의(道義)선사를 조계종의 종조(宗祖)로 삼고, 그 뿌리를 조계 혜능으로 삼은 것이다. '조계종(曹溪宗)'이라는 명칭 역시 혜능과 직접 관련이 있다. 혜능은 37년에 걸쳐 설법했는데, 설법한 곳이 조계(曹溪) 지역이었다. 그 법문을 기록한 책이 『육조단경』이다. 그래서 혜능을 일컬을 때, '육조대사(六祖大師)' 혹은 '조계 혜능(曹溪慧能)'으로 부르기도 한다. 조계종에서 차지한 혜능의 위상을 볼 수 있다.

한국불교 역사에서 선종(禪宗)의 전래가 이른 편은 아니었다. 최초 기록인 해동(海東, 한국)의 선법은 중국 선종 4조(四祖) 도신(道信, 580~651)의 제자였던 법랑(法朗)이다. 법맥(法脈)은 6조 혜능으로부터 시작해 남악 회향-마조 도일-서당 지장-도의로 이어진다.

법랑은 4조 도신으로부터 직접 이어지고 선의 전래도 도의보다 수십 년 앞서는데, 조계종은 왜 법랑이 아닌 도의를 종조로 삼았을까? 그것은 혜능의 남종돈오선법(南宗頓悟禪法)을 도의가 이은 것으로 판단하기 때문이다. 조계종은 돈오의 남종선을 자기 정체성으로 삼는 것이다. 이제 중국 선종 6조 혜능의 법을 이어 해동으로 전래한 도의를 알아보자.

도의의 구법행

도의의 생애는 『조당집(祖堂集)』「설악진전사원적선사조(雪嶽陳田寺元寂禪師祖)」에 간단하게 전해지는 것이 유일한 자료다.

> **"그는 북한군(北漢郡, 현 서울) 출신으로 속성은 왕(王) 씨이다. 양친이 그를 임신하기 전 상서로운 꿈을 꾸었고, 39개월 만에 출생하였다. 출생 후 태를 묻은 곳에는 큰 사슴들이 지켜 서는 신비한 현상이 나타났으며 이 상서로움을 계기로 출가하여 법호를 명적(明寂)이라 했다."**
>
> – 『조당집』「설악진전사원적선사조」 중에서

"공을 체득한 사람은 곧바로 저 삿된 산을 뛰어넘지만, 유위(有爲)에 빠진 사람은 흑암지옥에 영겁토록 머무를 것이다."

중국으로 입당(入唐, 당나라로 넘어감) 전까지의 국내 행적이나 입당 동기에 관한 기록은 없다. 선덕왕 5년(784)에 입당해 헌덕왕 13년(821)에 귀국하기까지 그의 구법(求法) 기간은 약 37년이다. 당시의 중국 화북(華北) 지역에는 낙양과 장안에서 황실 후원으로 신수의 북종선이 성행했고, 혜능계 남종선도 북상하며 전등(傳燈) 활동을 하던 시기였다. 신회(神會)는 당(唐) 개원(開元) 20년(732) 활대(滑臺) 대운사(大雲寺)에서 무차대회를 열고 「남종정시비론(南宗定是非論)」을 통해 남종선의 우위를 천명했으며, 사공산(司公山)의 사공 본정(司空本淨), 남양 혜충(南陽慧忠) 같은 혜능의 1세대 제자들이 활약했다. 마조의 입적 후에는 홍주종(洪州宗)이 강남과 세상에 널리 이름을 떨치고 있었다.

화북 순례를 마친 도의는 강서 마조와 호남 석두계를 잇는 남종돈오선법을 익히려 혜능의 행화지(行化地)인 광동성(廣東省, 광둥성)으로 향하고, 광부(廣府) 보단사(寶壇寺)에 머물며 구족계를 받아 남종의 적통을 계승하고자 하는 의지를 굳힌다(『법보단경』의 산실로 알려진 '소관韶關의 대범사大梵寺'라는 설도 있다). 이후 육조 도량을 떠나, 강서의 서당 지장(西堂智藏, 735~814) 문하에 들어간다.

"강서 홍주 개원사에 도착하자마자 지장의 처소로 찾아뵙고 스승으로 삼으니, 의문과 막힘이 풀렸다. 대사는 '돌덩이 속에서 보석을 찾고, 조개 속에서 진주를 얻은 듯하다. '진실로 법을 전할 이는 이 사람 말고 또 누구겠는가?'라며 도의라고 법명을 주었다."

-『조당집』「도의전」중에서

양양 진전사에 있는 승탑. 도의선사의 승탑으로 추정한다. 해동 최초로 남종선을 들여온 도의는 설악산으로 들어간다. 자신이 체득한 법이 아직까지는 세상과 만날 수 없었음을 느꼈을까? 사진 유동영.

양양 진전사지에 있는 석탑. 해동의 남종선이 설악산에서 출발했음을 알리는 곳이다. 도의의 법은 염거화상을 거쳐 보조 체징으로 이어진다. 『삼국유사』를 저술한 일연 스님이 출가한 곳이기도 하다. 사진 유동영.

도의가 법을 전수받은 곳은 홍주(洪州) 개원사(開元寺)이나 지장의 주석처인 '건주(虔州) 보화사(寶華寺)'라는 설도 있다. 이후 백장산(百丈山)의 회해(懷海)를 찾아가 수행에 정진한다. 회해는 "강서의 선맥(禪脈, 홍주종의 적통)이 모두 동국(東國)으로 돌아가는구나"라고 격찬한다.

동산법문인 5조 홍인(弘忍, 601~674)의 가르침은 수심(守心)보다 반야(般若)의 지혜가 더 뚜렷이 드러나는데, 이 반야의 입장은 혜능에 의해 계승되고 남종선의 무념(無念)과 무심(無心)사상으로 전승된다. 9세기 초에 이르러 혜능의 법은, 해동 남종선의 초전자(初傳者)로 불리며 조계종의 종조로 추앙받는 도의로 이어지게 됐다.

설악산문과 가지산문

그를 중심으로 진전사(陳田寺)와 억성사(億聖寺)를 거점으로 훗날 설악산문(雪嶽山門)이 형성된다. 그의 선사상은 '조사심인법(祖師心印法)'이고, 수행 원리는 '무념무수(無念無修)'의 경지를 신해수증(信解修證) 하는 것이다 (천책, 『선문보장록(禪門寶藏錄)』).

도의의 법을 이은 체징(體澄, 804~880)은 장흥 보림사(寶林寺)를 중심으로 가지산문(迦智山門)을 개산(開山)하고, '내 안의 불성'인 법신 비로자나불을 찾아야 한다는 일심(一心)사상을 주장하며 도의를 개조(開祖, 鼻祖)로 추존하고 법을 이었다. 이는 달마의 선법과 『능가경』에 근거한 여래청정선(如來淸淨禪)을 전한 법랑과 신행의 북종선과는 달리, 『금강경』과 『육조단경』 등에 입각한 '조사돈오선(祖師頓悟禪)'이다.

도의가 귀국하던 당시 상황은 이렇게 묘사된다.

> **"도의는 지장에게 심인을 받고 돌아와 초전자로 선리를 설하였으나, 당시 사람들은 경교를 숭상하여 존신(存神)의 법을 관습적으로 익히고 있었다. 그래서 무위임운(無爲任運)의 종지를 알아듣지 못하고, 허설(虛說)로 치부하며 숭상하지 않았다. 흡사 달마와 양무제의 만남과 같았다.**

인연이 닿지 않음을 탄식하고, 산림에 거주하며 염거에게 전법하였다. 설악산(북산北山) 억성사에서 조사심인(祖師心印)을 전하고 조사의 가르침을 펼치니, 체징이 찾아가 스승으로 섬기었다."

– 장흥 보림사 「보조선사창성탑비」 중에서

도의의 법을 이은 체징은 당대 교학(教學) 불교에 대해 "공을 체득한 사람은 곧바로 저 삿된 산을 뛰어넘지만, 유위(有爲)에 빠진 사람은 흑암지옥에 영겁토록 머무를 것이다. 말법시대에는 상법(像法)이 혼란하니 진종(眞宗)에 계합하지 못하고, 물속의 달을 찾으며 새끼줄로 바람을 묶는 것과 같다. 실속 없이 육정(六情)만 피곤할 뿐이니 어찌 지리(至理)에 도달할 수 있겠는가"라고 비판한다. 또 도의와 실상산문(實相山門)의 홍척(洪陟)이 전한 몰종적(沒蹤跡, 자취를 남기지 않는다)의 선법에 관한 내용은 다음과 같이 전한다.

"시험 삼아 종취를 살피면 이렇다. 수행은 있으나 그것은 닦음 없는 몰수(沒修)이고, 깨침은 있으나 그것은 깨침 없는 몰오(沒悟)이다. 그러므로 고요하기는 산과 같고, 움직임은 골짜기의 울림과 같다. 선법의 무위한 이익은 다툼 없이 빼어났으며 신라인의 마음을 비우니 그 고요한 이익은 해외까지도 이롭게 한다. 그러나 그 이롭게 함을 자랑하지 않으므로 진실로 위대하다."

– 봉암사 「지증대사적조탑비」 중에서

몰종적의 선법은 초기 선법 전래부터 신라 선의 특징이다. 본유각성(本有覺性)과 무념무수(無念無修)의 몰종적 선법은 분별심과 조작이 없는 묘수(妙修)로서 본래성불(本來成佛)의 전통인 달마의 '심신함생동일진성(深信含生同一眞性)', 혜가의 '심법각성(心法覺性)', 승찬의 '신(信)'과 '심(心)', 도

장흥 보림사에 있는 보조선사 체징의 승탑. 체징은 설악산 억성사에서 염거화상의 가르침을 받았고, 도의선사의 법을 이었다. 장흥 가지산 보림사에서 선문(禪門)을 열었다. 보림사는 구산선문(九山禪門)의 하나인 가지산문(迦智山門)이 출발한 곳이다. 사진 불광미디어.

보조선사 체징의 탑비. 보림사는 육조 혜능이 법을 설한 사찰명이기도 하다. 혜능의 선맥이 이곳으로 이어졌음을 뜻한다. 사진 불광미디어.

신의 '수일불이(守一不移),' 홍인의 '수심(修心)', 혜능의 '단용차심(但用此心)', 남악의 '단막염오(但莫染汚)', 마조의 '도불용수(道不用修)', 백장의 '체로진상(體露眞常)', 황벽의 '대기대용(大機大用)', 임제의 '수처작주입처개진(隨處作主立處皆眞)'으로 내려온 조사선(祖師禪)의 맥락으로 볼 수 있다.

도의는 교학주의에서 벗어나 문자를 세우지 않고, 별도로 심인(心印)을 전하는 것으로 무념무수를 심요(心要)로 삼았다. 이는 마조 문하의 선법에 충실한 것으로 홍주종의 '시심즉불(是心卽佛, 마음이 바로 부처다)'을 직전(直傳)한 것이다. 홍주종의 무념무수는 선악과 시비분별의 생각을 일으키지 않음이 곧 깨달음의 성취이며, 더 이상 닦을 것이 없다는 의미다.

또한 마음을 밝힌 도리로서 '무위임운(無爲任運)'은, 작위적이고 상대적인 차별심을 초월한 절대 경지에 계합(契合)한 사람이 자연의 운행에 따라 자유자재하게 살아가는 삶의 방식이다.

이러한 경지는 마하반야바라밀의 반야지(般若智)가 곳곳에 드러나는 반야행으로 보아야 할 것이다. 이는 한국 선사상에서 마하반야바라밀로서 반야행의 전승과 실천으로 이해할 수 있다.

● 참고자료

『조당집』 권14, 권15, 권17.

김영, 『조선금석총람』 권상, 아세아문화사, 1976년.

김광식, 『도의국사 연구』, 인북스, 2010년.

동욱 스님

2011년 지홍 스님을 은사로 해인사에 입산 출가. 중앙승가대학교 사회복지학과를 졸업했다. 범어사 율원에서 1년간 수학한 후 봉암사, 도성암 등에서 수선 안거했으며, 동국대학교에서 '『법보단경요해』의 선사상 연구'(2025)로 박사학위를 받았다. 현재 길상사 포교국장 소임을 보고 있다.

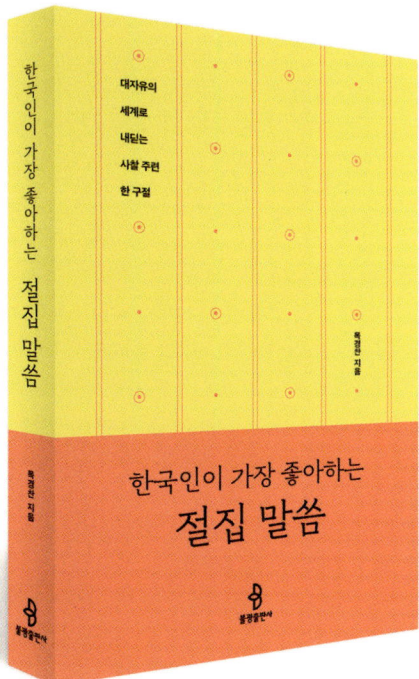

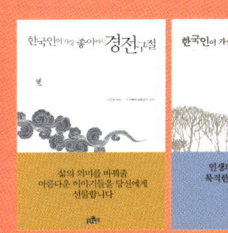

골라 읽는 『육조단경』 해설서

글. 하다해

『육조단경』은 조사선(祖師禪)의 실질적 창시자이자 정립자이며 중국 선종의 제6대 조사인 혜능(638~713)의 어록(語錄)을 모은 책이다. 육조 혜능의 행적과 가르침을 기록한 『육조단경』은 중국 조사선의 출현을 알리는 중요한 책이며, 조사선의 핵심적인 내용을 잘 담고 있다. 한국 선불교를 포함하는 동아시아 선불교의 출발점이라 할 수 있는 책인 만큼 번역서와 해설서도 많다. 어떤 책이 내게 맞을지 고민할 독자를 위해, 청소년용 입문서부터 심화된 내용의 해설서까지 모아 소개한다.

입문

문 안의 수행 문 밖의 수행

월호 지음 | 불광출판사 | 2009년 | 16,000원

독자들의 눈높이에 맞춰 선(禪)과 불교의 보전(寶典)을 이야기하는 월호 스님이 『육조단경』을 대중에게 맞춰 쉽고 재미있게 강의한 책이다. 견성, 불성, 자성, 해탈에 대한 용어조차 몰랐거나, 불교계에서 수십 년 동안 불붙었던 돈점(頓漸) 논쟁이 무엇인지 전혀 알지 못했던 사람이라도 이 책을 통해 선이 무엇인지, 돈오와 점수는 어떻게 다른지, 문 안의 수행, 문 밖의 수행에 대한 개념 정리는 물론이고 자연스레 견성 해탈의 도리를 깨달을 수 있다.

인문학 독자를 위한 육조단경

김호귀 지음 | 불광출판사 | 2025년 | 17,000원

불교 경전의 핵심적인 내용만 쏙쏙 뽑아내 쉽고 대중적인 언어로 풀어내는 경전 소개서 '인문학 독자를 위한 불교 경전' 시리즈 여섯 번째 책. 혜능이 왜 일자무식의 이미지로 그려졌는지, 왜 그를 둘러싼 중국 선종사의 법맥 논쟁이 일어났는지와 같은 의문들을 실마리로 하여 『육조단경』이 전하고자 하는 가르침을 흥미진진하게 풀어내면서, 수행과 깨달음에 대해 혜능이 말하고자 했던 참뜻을 명확하게 제시한다.

왕초보, 육조단경 박사 되다

김영욱 지음 | 민족사 | 2010년 | 9,500원

진짜 '왕초보'들을 위해 현학적이고 어려운 단어는 거의 쓰지 않는 '민족사 왕초보' 시리즈 중 한 권으로, 중국 남종선의 근간이 되는 『육조단경』이 무엇인지 일반인도 알기 쉽게 전하는 책이다. 주인공인 육조 혜능의 생애를 다섯 꼭지로 나눠 『육조단경』을 누가 썼는지, 제목이 왜 『육조단경』인지, 왜 쓰였는지, 책에 무슨 내용이 담겨 있는지 등을 재밌으면서도 독자가 읽기 편하게 집필했다.

육조단경 (청소년 철학창고)

정은주 지음 | 풀빛 | 2010년 | 12,000원

'철학'에 보다 무게를 실은 청소년 고전 시리즈 '청소년 철학창고' 26권. 어려운 불교 용어에 대한 해설에 중점을 두어 청소년들이 혜능의 가르침에 좀 더 가깝게 다가가도록 체계적이고도 쉽게 재정리했다. 내용을 크게 6개의 장으로 나눠 각 장의 맨 앞부분에 해당 내용을 요약해 두고, 쉬운 우리말로 각 장의 제목과 소제목을 다시 달았다. 책의 마지막 부분에는 『육조단경』의 탄생과 그 역사적 배경, 혜능의 생애, 사상의 특징과 발전 등을 상세하게 정리해 불교 사상을 유기적으로 이해할 수 있게 했다.

육조단경과 마음공부

법상 지음 | 민족사 | 2018년 | 18,000원

법상 스님은 지난한 수행과 공부에도 불구하고 깨달음이 요원하기만 하다면 문제점을 살펴볼 필요가 있고, 바로 그 답을 『육조단경』에서 찾아보라고 조언한다. 글과 법문, 교육, SNS 등 다양한 활동을 통해 생활 속에서 쉽게 마음공부와 선(禪) 실천의 길을 열어 주고 있는 스님 특유의 쉽고 편안하면서도 선기(禪機) 넘치는 번역과 해설은 우리들의 삶 자체가 마음공부임을 깨우쳐 준다.

심화

육조단경

육조혜능 지음 | 광덕 옮김 | 불광출판사 | 2008년 | 22,000원

『육조단경』에는 돈황(燉煌)본·혜흔(惠昕)본·존중(存中)본·덕이(德異)본 등 여러 본이 있다. 우리나라의 경우 고려 때 간행된 『육조단경』 판본이 바로 덕이본으로, 1290년 고균비구 몽산덕이 선사에 의해 전 10장 구성으로 교정된 것이다. 광덕 스님이 1975년 우리말로 번역한 덕이본 『육조단경』의 2008년 개정판인 이 책에는 성철 스님의 서문과 광덕 스님의 자상한 해설과 역주가 덧붙여졌다.

육조단경(현대인을 위한 선어록 읽기)

김태완 지음 | 침묵의향기 | 2013년 | 15,000원

조사선 전문가인 무심선원 김태완 원장이 원문의 뜻을 엄밀하게 해석해 번역했다. 목차에 따라 전체를 10개의 장으로 나눴고, 각 장마다 번역문을 앞에, 덕이본 원문을 뒤에 배치했다. 또 원문은 표점을 하여 읽기 쉽도록 도왔으며, 서문과 발문도 모두 번역해 소개했다. 부록에는 지은이가 설명한 '육조혜능의 돈교법문'을 수록해 육조 혜능의 가르침을 누구나 쉽게 이해할 수 있도록 했다.

육조법보단경(몽산덕이본)

조계혜능 지음 | 김호귀 역주 | 토파민 | 2024년 | 20,000원

선종의 역사와 사상 및 수행 문화 등을 연구하는 김호귀 동국대 한국불교인문학과 교수의 덕이본 『육조단경』 번역서. 원문 뒤에 번역문을 배치했으며 이해를 돕기 위해 친절한 주석을 달았다. 부록으로 육조대사 입적 후 시신을 넣은 탑과 관련된 이야기가 담긴 「영도록(令韜錄)」과 지눌 스님이 담묵의 『육조단경』 중간본에 덧붙인 발문 566자를 수록했다.

성철 스님의 돈황본 육조단경

성철 지음 | 장경각 | 2015년 | 15,000원

돈황본은 천여 년 동안 돈황석굴에 비장돼 있다가 발견된 최고본으로, 유통과정에서 생길 수 있는 첨삭을 면해 가장 정통한 『육조단경』으로 인정받는다. 성철 스님은 육조의 성의가 뚜렷이 드러나도록 오탈자를 바로잡고 토를 달아 번역했으며, 아울러 간단한 해설을 곁들임으로써 바른 뜻을 이해하는 데 도움이 되도록 했다. 서산 스님의 명저 『선교결』도 함께 실려 『단경』을 이해하는 데 도움이 된다.

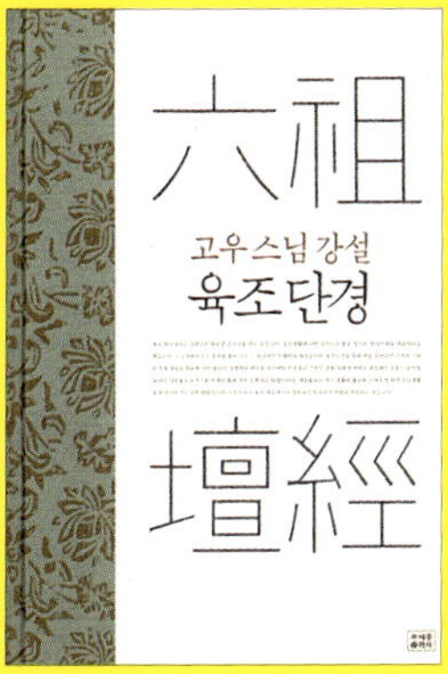

고우 스님 강설 육조단경

고우 지음 | 조계종출판사 | 2013년 | 30,500원

고우 스님은 본래 선이란 '평상심이 도(道)'라 하여 결코 어렵지 않다고 말했지만 대부분의 사람들은 이것을 어렵게만 여긴다. 따라서 이 책에서는 혜능대사의 가르침을 최대한 쉽게 풀고자 했다. 성철 스님의 『돈황본 육조단경』 원문 해설에 따라 33개의 장으로 구분하고, 각 장마다 번역문과 한자 원문을 앞에 배치했다. 그 뒤에 원문 하나하나를 짚어가며 상세히 설명해 불자가 아니더라도 누구나 쉽게 선이 무엇인지 알 수 있다.

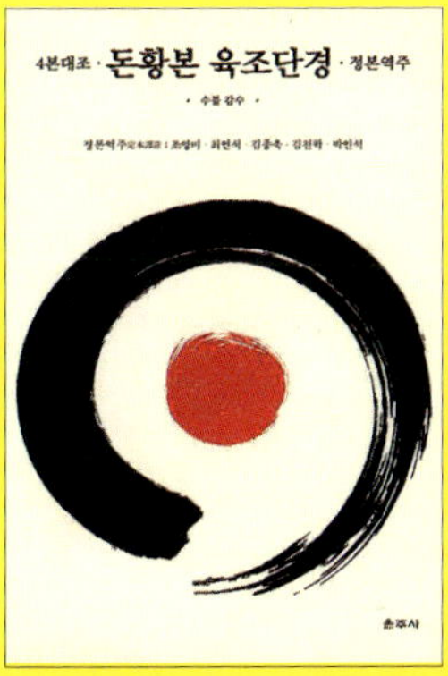

4본대조 · 정본역주 돈황본 육조단경

수불 감수 | 운주사 | 2021년 | 17,000원

현재 남아 있는 돈황본 판본은 5종으로, 대영박물관 소장본, 돈황시박물관 소장본, 여순박물관 소장본, 북경도서관 강자(岡字)48호 두루마리본, 북경도서관 단편 1장 등이다. 이 책은 이 중 분량이 적은(4행 반) 북경도서관 단편을 제외하고 나머지 4종의 본을 대조, 교감해 정본화(定本化)를 시도했다. 한문학, 불교학, 사학, 철학 등을 전공한 전문가 5명이 이 작업에 참여했으며, 여기에 수불 스님이 감수를 맡아 문자 너머의 경계에 대한 조언과 교정으로 완성도를 높였다.

불광초대석
글. 송희원
사진. 유동영

"'K-신중(神衆)' 잘 삐지지만, 함께 수행하는 도반이자 선배"

-『신중도의 세계』 출간한 현주 스님

고양시 원각사(일산동구 식사동) 법당의 신중조각을 설명하는 현주 스님.

불·법·승 삼보(三寶)를 수호하고 사찰을 지키는 신들의 무리, '신중(神衆)'. 그동안 신중은 학자들의 연구 주제에서 불보살보다 외면받는 경향이 있었다. 정리된 자료가 많지 않아서 해석의 어려움이 있기 때문이다. 하지만 현주 스님은 불화 공부를 본격적으로 시작할 때부터 일관되게 〈신중도(神衆圖)〉를 탐구해 왔다. 그 결실로 동국대 대학원 미술사학과 2018년 박사학위 논문인 「조선시대 신중도 연구」를 바탕으로, 지금까지 축적된 연구 성과를 추가 정리한 신간 『신중도의 세계 - 불법을 수호하는 신들의 향연』을 출간했다. 현주 스님은 신중을 "부처님 가르침을 함께 수행하는 도반이자 우릴 이끌어주는 선배"라고 표현한다. 불교 신자들에게 친숙하지만 베일에 싸인 신중. 전남대 동아시아연구소 학술연구교수이자 BBS불교방송 라디오 〈두시엔 스마일〉 진행자로 불교문화를 대중에게 알리는 현주 스님을 만나 한국불교의 신들에 대해 들어봤다.

K-신중, 한국불교의 104위 신중

현주 스님은 『신중도의 세계』에서 현재 한국 사찰에서 이뤄지는 신중신앙의 뿌리를 되짚는다. 또한 신중 의례의 대상인 한국의 〈신중도〉를 살펴보며 각 신들이 어떻게 구성 요소로 자리 잡게 됐는지 그 연원을 살핀다.

"불전(佛殿)의 정면은 불교의 세계관에서 가장 높은 지위에 있는 부처님과 보살들을 모신 자리로, '상단(上壇)'이라고 해요. 예배자의 오른쪽(부처님의 왼쪽)에는 불교를 수호하는 신들을 모신 '중단(中壇)'이 위치하고, 예배자의 왼쪽(부처님의 오른쪽)에는 생을 마친 영혼을 위한 '하단(下壇)'이 있어요. 이처럼 신중을 예배 대상으로 삼아 불전 안에 봉안한 사례는 중국이나 일본에서는 찾아보기 어려워요. 중단의 '신중단(神衆壇)'은 한국불교만의 독특한 신앙 형태죠."

신중은 불법을 지키고 보호하는 '호법선신(護法善神)'으로 원래는 불교에 수용된 인도 고유의 신들인 제석천, 범천, 위태천 등만을 의미했다. 한국에 오면서 불교가 전래된 지역의 여러 토착신을 포함해 도교의 신, 나아가 산신(山神)이나 조왕신(竈王神) 등 한국 민간의 토속신들까지 편입하게 된 것이다. 조선 후기인 18세기 영조·정조 시대에 104위(位)로 간추려서 정리한 'K-신중'이 지금까지 이어온다. 104위 신중에는 『화엄경』 「세주묘엄품(世主妙嚴品)」에 출현하는 39위의 화엄신중(華嚴神衆)을 비롯해 밀교의 신인 예적금강신이 포함돼 있다.

불교의 신중은 불보살 혹은 나한을 보호하는 차원에서 옆에 함께 그려졌다. 나중에는 제석천, 위태천(경전을 보호하는 신으로 경전 앞에 그려짐) 등이 단독으로 표현되기도 했다. 이런 신들이 따로따로 흩어져 있다가, 104위 'K-신중도' 안으로 영입된 것이다. 한국 사찰에서 신중단을 조성할 때 일반적으로 조각상보다는 한 폭의 그림인 〈신중도〉를 많이 봉안한다. 이 역시 18세기 이후부터 조성되기 시작했다.

신중은 중생들의 욕망이 극대화돼 투영된 대상이기도 하다. 신자들이 신중에게 복을 빌 때 그 '복'은 깨달음을 얻게 해달라는 내용보다는, 건강·재물 등을 구하는 것에 더 가깝기 때문이다.

"신중은 보호하고 옹호해 주는 존재라 〈신중도〉는 사찰 모든 전각에 모실 수 있어요. 대웅전에는 석가모니 부처님을 비롯한 불보살님과 함께 모시고, 스님들이 생활하는 요사채에도 걸어 놓거든요. 명부전에도 (금강역사상이) 지장보살을 보호해요. 이처럼 신중은 우리에게 친숙한 존재죠."

신중도 윤회하는 중생

『법화경』에는 인도 영취산에서 열린 법회에 수많은 신들이 참석해 석가모니 부처님 말씀을 듣는 장면이 나온다.
제석천·자재천·범천 등의 천인과 용·야차·건달바·아수라·가루라·긴나라·마후라가왕 등 수많은 신들은 설법에 감화돼 부처님께 귀의하고 불법(佛法) 수호를 서원하게 된다. 이처럼 경전에는 부처님의 가르침을 받고 부처님께 귀의한 신들이 많이 등장한다.

"과거 인도에서는 사람들이 기도하는 대상이자, 죽어서 가장 되고 싶은 궁극의 존재가 천신이었어요. 그런데 불교가 나오면서 그 신들을 끌어내린 거죠. 중국도 한국도 마찬가지로 불교가 들어오기 전에는 그런 토속신이 다 있었습니다. 『제석소문경(帝釋所問經)』에 보면 제석천이 죽음에 대해 두려움에 떨다가 부처님의 제자가 돼 수행하면서 수다원과를 받게 돼요. 궁극의 목표는 열반이지 천신이 아니라는 거죠. 이처럼 신에 대한 패러다임이 전환되면서 불교에서 신들은 부처님과 인간 사이의 중간자적인 위치를 점하게 됐어요. 신도 우리와 똑같이 윤회하는 중생이에요. 부처님 가르침을 함께 수행하는 도반이자 우릴 이끌어주는 선배인 거죠."

불교에서 신들은 윤회의 고리를 벗어나지 못하는 우리와 똑같은 중생에 불과하다. 다만 같은 중생이긴 하지만, 부처님과 인간 사이에서 인간보다 뛰어난 능력으로 소원을 이루도록 도와준다.

신중은 중생들의 욕망이 극대화돼 투영된 대상이기도 하다. 신자들이 신중에게 복을 빌 때 그 '복'은 깨달음을 얻게 해달라는 내용보다는, 건강·재물과 같은 기복(祈福)이나 자식을 낳게 해달라는 기자(祈子) 등에 더 가깝기 때문이다. 하지만 불교에 수용된 신들은 단순히 기복신앙의 대상에 머물지 않고, 불법을 옹호하는 호법(護法), 호신(護身) 성격이 더해졌다. 대승불교로 건너와 호국사상으로까지 발전하게 됐다.

"초기불교 경전인 『쌍윳따니까야』에 '십수념(十隨念)'이라는 개념이 나와요. 불자라면 10가지를 항상 마음챙김해야 한다는 거죠. 첫째는 불법승 삼보(불·법·승수념), 그다음은 계율(계수념), 보시(시수념), 여섯 번째가 천(天)수념이에요. 천신을 항상 염두에 두라는 겁니다. 왜 천신을 생각하느냐 하면, 불자가 삼보를 잘 믿고 의지하고 보시하고 계율을 잘 지키면, 천상의 천신으로 태어나는 선한 과보를 받을 수 있다는 거예요. 이처럼 초기불교에서부터 신중신앙은 결코 기복적이지만은 않은, 수행과 신행의 차원에서 굉장히 중요하게 다뤄졌다는 것을 알 수 있어요."

"왜 천신을 생각하느냐 하면,
불자가 삼보를 잘 믿고 의지하고
보시하고 계율을 잘 지키면,
천상의 천신으로 태어나는 선한
과보를 받을 수 있다는 거예요."

신중기도는 복 '쌓는' 기도

사찰에서 신자들이 드리는 신중기도는 20세기에 생긴 오래되지 않은 전통이다. 조선시대까지만 하더라도 '화엄성중'이라는 말 자체를 잘 쓰지 않았다.

흔히 불보살께 빌기에는 조금은 쑥스러운 세속적인 욕망을 빌 때 신중기도로 드린다고들 한다. 그리고 소위 '기도발'이 잘 먹히는 대상은 상단 부처님이 아닌 밑에 계신 신중이라고. 불보살 아래 등급의 신중일수록 기도가 빨리 이뤄진다고 믿는 것이다.

현주 스님은 한국 불자들이 이러한 인식을 대부분 갖고 있는데, 이를 조심해야 한다고 일러준다. 신중도 엄연히 깨달은 자가 아닌, 윤회하는 중생일 뿐이다. 인격신이라는 얘기다. 그래서 잘못하면 삐지기도 한단다.

"불보살님은 약간 차가운 자비심, 신중은 좀 더 따뜻한 자비심을 가진 느낌이랄까. 그래서 한국 불자들이 그렇게들 생각하는데, 그만큼 부작용도 있습니다. 왜냐하면 인격신이기 때문에 잘 삐져요. 잘못하면 더 해를 준다는 이야기죠. 그래서 공양물을 올릴 때 상단에는 과일을 3개씩 3단 정도 쌓는다면, 중단에는 더 높이 더 많이 16개씩 5단을 쌓고 그러더라고요. 불보살님은 안 그러시지만, 신중은 잘 삐진다고요."

이어서 현주 스님은 기복신앙에 대해 갖는 기존의 부정적인 선입견을 재고해 봐야 한다고 강조한다.

"기복신앙에 대한 부정적인 인식은 1980~1990년대부터 생긴 것 같아요. 기복신앙은 우리 불교의 가장 토대를 이루는 건데, 미신이고 굉장히 원시적이란 이미지를 씌웠어요. 근대에 외래에서 들어온 서양 종교의 작업 때문이지 않을까 싶어요. 불교계도 그런 작업에 약간 동조를 하게 되면서 그런 이미지가 더 굳어졌죠.
비판받아야 할 것은 이기적인 기복신앙이겠죠. 불교에서는 기도할 때 항상 회향(廻向, 닦은 공덕으로 불과佛果를 얻거나 다른 중생에게 돌려 이익 주는 것)을 하지 않습니까? 불자님들도 보살행으로서 '복덕'과 '지혜'를 함께 구하는 기도를 하셨으면 좋겠어요."

구체적인 예로 수능 기도하면서 '우리 애만 좀 잘하게 해주세요'라든지 '우리 남편만 진급하게 해주세요' 같은 기복신앙은 물론 지양해야 한다. 하지만 '자식이 수능에서 좋은 성적을 얻어서 좋은 학교 가면 나중에 큰 사람이 돼서 다른 사람들을 위해서 살도록 해주세요'라고 하면 좋은 기도라고 스님은 말한다.

현주 스님은 석가모니 부처님도 '복덕'과

'지혜' 두 가지를 모두 갖추신 분이라 설명한다. 석가모니 부처님은 전생에 수많은 보살의 삶을 살면서 '복덕'을 구족했기에 부처님이 될 수 있었고, 우리 역시 그런 과정에 있는 보살들이라는 것이다.

스님은 "불자들이 불보살님께 너무 '지혜'만 구하는 것은 처음부터 걷지도 못하는데 뛰어가려고 하는 게 아닌가 싶다"라며 "그런 점에서 복덕에 관한 부분을 신중신앙이 충족하고 있다"고 설명한다. 이에 덧붙여서 "신중에게 복을 '구하는' 게 아니라 복을 많이 '쌓아야' 한다"고 강조한다.

스님은 "불자들이 불보살님께 너무 '지혜'만 구하는 것은 처음부터 걷지도 못하는데 뛰어가려고 하는 게 아닌가 싶다"라며 "그런 점에서 복덕에 관한 부분을 신중신앙이 충족하고 있다"고 설명한다.

"지혜와 복덕 모두 균형이 잡혀야 하죠. 제가 해인사에 있을 때 예불 시간에 열심히 108배 하는 선방 수좌 스님이 계시더라고요. 당시에는 수좌 스님들은 예불 참석만 하지, 절 수행은 잘 안 하는 줄 알았거든요. 여쭤봤더니 '내가 수행하다가 자꾸 마장(魔障)이 생겨서 복을 쌓기 위해서 절을 한다'고 하시더라고요. 수행을 방해하는 모든 것들이 다 마장이지 않습니까? 집중이 잘 되다가도 어디가 아플 수도 있겠죠. 복이 없으면 마장이 생긴다고들 하죠. 수행자들을 보호하는 복이란 게 참 중요한 거구나, 그때 느꼈죠."

현주 스님은 석가모니 부처님도 '복덕'과 '지혜' 두 가지를 모두 갖추신 분이라 설명한다. 석가모니 부처님은 전생에 수많은 보살의 삶을 살면서 '복덕'을 구족했기에 부처님이 될 수 있었고, 우리 역시 그런 과정에 있는 보살들이라는 것이다.

"학자들만의 담론을 위해서 하는 학문은
죽은 학문이라고 생각해요.
일반 대중에게 이 학문의 성과를 알리고
실생활에서 적용할 수 있게 도움을
주는 게 학자의 역할이겠죠."

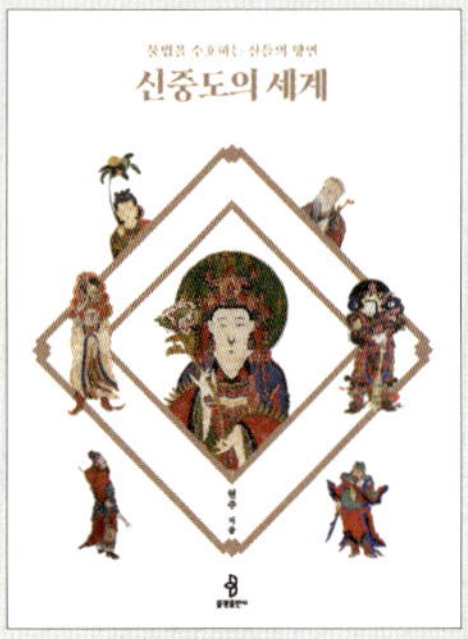

불법을 수호하는 신들의 향연

신중도의 세계

현주 지음 | 불광출판사 | 504쪽 | 35,000원

신중과의 첫 인연

현주 스님은 현재 고양시 일산동구 식사동(食寺洞, 현 동국로)에 위치한 송광사 분원 원각사에서 절 소임을 보며 신중 연구를 이어가고 있다. 원각사는 박사학위 논문 심사위원이었던 정각 스님이 주지로 계신 곳이다. 대학원에서 연구자들이 잘 선택하지 않는 주제를 선택해 학위 논문을 쓰고 단행본까지 내기까지. 현주 스님과 신중과의 이토록 끈끈한 인연은 언제부터 시작됐을까.

2002년 출가한 현주 스님이 해인사 승가대학 강원에 있을 때다. 새벽 예불을 드릴 때 막내여서 부처님도 보이지 않는 제일 뒤쪽 끝자리에 앉았다. 그때 우연히 밧줄로 용을 낚는 스님의 모습이 그려진 벽화를 보게 됐다. 궁금증이 생겨서, 강원을 졸업한 뒤 미술사학 전공으로 진로를 잡았다.

2007년에 은사 스님께서 서울 경국사에 주지로 주석할 때, 원주 소임을 봤다. 새벽에 경동시장에 가서 장을 보고 오전 내내 일하다가 오후에 수업을 들었다. 수업에 가면 너무 피곤해서 졸기 바빴다. 매일 새벽에 일어나 밤 12시 넘어서 잠들었다. 스님은 당시 잠을 3~4시간밖에 못 자면서 석사 생활을 했는데, 적성도 맞고 정말 재미있었다고 회상한다. 그렇게 대학원에 들어간 지 11년 만에 신중 연구 논문으로 박사학위를 받고, 18년 만에 신중에 대한 첫 대중서를 내게 됐다.

"『신중도의 세계』는 학위 논문을 바탕으로 한 책이다 보니, 학술적인 내용들로 구성됐어요. 하지만 너무 학문적인 용어로만 쓰면 대중들이 호기심을 갖고 접근하기 힘들기에 최대한 용어를 풀어 썼고요. 학자들만의 담론을 위해서 하는 학문은 죽은 학문이라고 생각해요. 어쨌든 일반 대중에게 이 학문의 성과를 알리고 실생활에서 적용할 수 있게 도움을 주는 게 학자의 역할이겠죠."

책에는 전국 사찰의 다양한 〈신중도〉가 실려 있다. 현주 스님이 직접 발품을 팔아 사진 찍거나, 많은 분에게 도움을 받아 구한 도판들이다. 책 끝에는 부록으로 현재까지 알려진 600여 점의 〈조선시대 신중도 현황〉을 표로 정리해 실었다. 이 책이 일반 독자들과 연구자들 모두에게 조금이나마 도움이 됐으면 하는 게 스님의 바람이다. 현주 스님은 조만간 신중과 관련된 대중서도 계획 중이다.

"신중단에 모셔놓은 신들이 어떤 신들인지 쉽게 설명하는 글을 쓰고 있어요. 또 하나는 신중 영험담을 모아놓은 책은 없더라고요. 신중은 사실 경전 속 내용보다는 영험담이 중요하거든요. 그래서 신중 영험담을 공부하면서 자료들을 계속 모으고 있어요."

장 미셸 바스키아(Jean-Michel Basquiat), 1986년, 사진 윌리엄 쿠폰, 출처 갤러리 블라카이.

“나는 흑인 예술가가 아니라,
예술가다”

- 장 미셸 바스키아

"부처를 만나면 부처를 죽이고,
조사를 만나면 조사를 죽이라."
- 임제 의현

당나라의 선승 임제 의현(臨濟義玄)은 이 격정적인 가르침으로 후대 불교사에 묵직한 울림을 전한다. 일명 '살불살조(殺佛殺祖)'. 이 말은 신성의 파괴를 말하는 것이 아니다. 오히려 어떤 관념이든 권위든, 그것이 고정되는 순간 자신을 얽어매는 족쇄가 된다는 통찰이다. '부처'라는 이름조차 절대화하는 순간, 그것은 이미 깨달음의 길을 막는 상(相)일 뿐이다. 그러니 모든 이름과 형상에 압도될 것이 아니라 언제든지 그 허상을 부수고 뒤집어 볼 수 있는 바른 견해(정견正見)를 요구한다.

진리는 신성한 법당 안에 갇히지 않고, 오히려 불명료하고 혼돈스러운 자리에서 오히려 더 또렷하게 모습을 드러낸다. 운문 문언(雲門文偃) 스님이 "무엇이 부처인가?"라는 물음에 "마른 똥막대기"라고 응수한 것도, 그 같은 맥락이다. 성스러움과 비천함의 경계가 허물어지는 역설을 통해, 우리는 비로소 모든 분별 너머에 있는 실상의 맨얼굴과 마주하게 된다.

1978년 뉴욕 맨해튼의 뒷골목. 열일곱 살의 흑인 청년이 어깨에 페인트 통을 메고 거친 벽 앞에 선다. 그는 스프레이 캔을 꺼내 "신의 대안으로서의 세이모(SAMO © AS AN ALTERNATIVE TO GOD)"라고 적는다. '세이모(SAMO)'는 '흔해 빠진 낡은 것(SAMe Old shit)'이라는 뜻으로 세상을 향해 던지는 그만의

화폭 위에 남겨진 단어와 상처, 해골과 왕관, 해부학 도면과 지워진 이름들. 그것들은 하나의 서사를 풀어내지 않는다. 어떤 상투적인 분석이나 추론이 설 자리가 없다. 마치 화두를 분별로써 헤아릴 수 없는 것과 같다. 그것들은 선사의 돌연한 일갈처럼, '판단 중지', 즉 무수한 의미의 갈래 앞에서 보는 이의 분별심을 멈추게 한다.

메시지 그 자체가 됐다. 소호 거리 곳곳에 쓰인 이 단어는 선사의 일갈처럼 오가는 사람들을 멈춰 세우고, 궁금증을 자아냈다. 이 수수께끼 같은 문구는 단순한 낙서가 아니라, 제도화된 종교와 정치, 기성 예술의 권위를 한순간에 무너뜨리는 화두였다. 마치 '살불살조'처럼, 통념과 권위의 우상을 깨뜨리고 새로운 깨달음의 안목을 열기 위한 도발이었다.

그 청년, 장 미셸 바스키아(Jean-Michel Basquiat, 1960~1988)는 그의 짧은 생애 속에서 내내 고정된 의미, 확립된 질서, 명성과 이름의 가면들을 해체하는 데 몰두한다. 마치 어린아이가 천진난만하게 세상을 그려놓은 듯한 그의 그림은 무엇을 말해주려 하지 않는다. 오히려 그것을 바라보는 이에게 질문하게 만든다. 화폭 위에 남겨진 단어와 상처, 해골과 왕관, 해부학 도면과 지워진 이름들. 그것들은 하나의 서사를 풀어내지 않는다. 그러다 보니 어떤 상투적인 분석이나 추론이 설 자리가 없다. 마치 화두를 분별로써 헤아릴 수 없는 것과 같다. 대신 그것들은 선사의 돌연한 일갈처럼, '판단 중지', 즉 무수한 의미의 갈래 앞에서 보는 이의 분별심을 멈추게 한다.

장 미셸 바스키아, 〈세이모는 죽었다(SAMO© IS DEAD)〉, 1980년, 소호의 벽에 남겨진 그래피티, 사진 헨리 플린트.

"나는 작품 활동을 할 때 예술에 대해 생각하지 않는다. 나는 삶에 대해 생각하려고 노력한다."

- 장 미셸 바스키아

1960년, 미국 뉴욕 브루클린. 바스키아는

장 미셸 바스키아, 〈무제(Untitled)〉, 1982년, 개인 소장.

아이티계 아버지와 푸에르토리코계 어머니 사이에서 태어난다. 다양한 문화가 얽힌 가정환경과 도시의 이질적인 감수성 속에서 그는 일찍부터 삶의 다양한 경계를 감각적으로 체득한다. 미술관과 거리, 고전 회화와 낙서 사이를 자유롭게 오가며 그는 제도 밖의 시선을 배웠다. 교과서보다 거리의 언어에 익숙했고, 교실보다 지하철역의 벽면에서 더 많은 것을 읽었다. 고전 회화에서 시각적 어휘를 흡수하면서도, 그의 심장을 두드린 것은 도시의 소음, 재즈의 불협화음, 낙서의 즉흥성이었다.

10대 시절 그는 학교를 떠난다. 그리고 이름 대신 'SAMO ©'라는 가면을 쓰고 거리의 벽에 언어의 파편을 남긴다. 이는 제도화된 권위를 해체하는 저항과 분노의 상징이 된다. 그러나 거리에서의 명성이 커질수록, 바스키아는 '세이모'라는 익명의 그림자를 벗고 자신의 이름으로 그림을 그리길 갈망했다. 결국 그는 이 프로젝트를 끝내기로 결심한다. 거리 곳곳에 "세이모는 죽었다(SAMO © IS DEAD)"라는 낙서를 남기면서 제도권 미술계로 들어선다.

1980년대 초반, 캔버스라는 새 무대를 만난 그는 곧바로 잠재력을 펼쳐낸다. 원색의 격돌, 파편화된 신체와 해부학 도해, 거칠게 쓴 이름들과 지워진 단어들로 구성된 그의 회화는 미술계를 강타한다. 당시의 주류였던 절제된 미니멀리즘이나 냉철한 개념미술과는 전혀 다른 방식으로, 그는 뜨겁고 날것의 감각을 화면에 불러낸다. 작품 속에서 흑인의 정체성, 소비 자본주의, 음악과 스포츠, 죽음과 신화는 혼재된 상징으로 뒤섞인다.

이 시기 바스키아는 단순한 시각의 재현을 넘어 정체성과 존재 자체에 대한 집요한 탐문을 시작한다. 뉴욕 미술계의 주목을 받게 된 그의 곁에 또 다른 거물, 앤디 워홀을 불러들인다. 이미지를 복제해 원본의 권위를 지워낸 워홀과, 거리에서 삶의 흔적을 끌어올린 바스키아의 만남은 예술계 안팎에서 충돌과 기대를 동시에 불러온다. 팝아트의 시대성과 거리예술의 진폭이 맞닿은 그 협업은 일종의 문화적 교차점이 된다.

그러나 세상의 주목이 그에게 집중될수록, 그의 고독은 더욱 깊어진다. 결국 창작의 고통과 마약, 그리고 성공을 향한 질주와 소외의 피로감은 그의 생명을 잠식한다. 1988년, 그는 스물일곱의 나이로 세상을 떠난다. 마치 한밤의 불꽃이 가장 찬란한 순간에 사라지듯, 그의 생을 갑작스럽게 마감한다.

> "나는 비평가들의 말을 듣지 않는다. 예술이 무엇인지 알려주는 비평가가 필요하다고 생각하지 않는다."
>
> - 장 미셸 바스키아

검은 바탕 위로, 무너진 듯한 얼굴 하나가 크게 떠오른다. 눈은 퀭하게 파였고, 입은 벌어진 채 이빨을 드러낸다. 검은 바탕과 충돌하는 원색, 덧칠과 지움의 흔적들은 마치 삶과 죽음이 분리되지 않고 동시에 호흡하고 있음을 보여주는 듯하다. 바스키아의 대표작 중 하나인

장 미셸 바스키아, 〈부처로서의 새(Bird as Buddha)〉, 1984년, 개인 소장.

〈무제(Untitled)〉(1982)는 단순히 해골을 묘사한 그림이 아니다. 죽음을 연상시키는 형상을 전면에 내세우면서도, 화면 곳곳의 선과 색은 여전히 살아 있는 듯한 긴장을 발산한다.

무엇보다 눈길을 끄는 것은 머리 위의 왕관이다. 왕관은 바스키아의 그림에 반복적으로 등장하는 상징이었다. 그는 흑인 음악가, 스포츠 선수, 이름 없는 도시의 인물들에게 왕관을 씌우며 존엄을 회복시켰다. 그러나 왕관은 승리의 휘장이라기보다 고통의 증표처럼 보인다. 빛나는 영광과 쓰라린 상처가 함께 얹혀 있다. 영광과 고통은 따로 존재하지 않는다. 모두가 인연 따라 얽히고, 동시에 서로를 비춘다.

정지된 듯한 얼굴이지만, 붓질의 흔적과 파편화된 색채는 여전히 움직이는 듯하다. 화면 앞에 서면 불안과 매혹이 동시에 찾아온다. 죽음을 응시하는 순간, 오히려 지금 살아 있다는 사실이 더 선명해지기 때문이다. 바스키아의 해골은 두려움의 상징이 아니라, 새로운 인식으로 들어가는 문턱이다. 누구나 마주해야 하는 죽음과 삶의 근본적 질문을 던지는 화두로 확장된다. 해골의 얼굴을 빌려, 우리 앞에 침묵하는 스승처럼 서 있다. 언어로는 설명되지 않지만, 보는 이를 멈추게 하고 질문하게 만든다. 왕관은 그 얼굴 위에서 빛나면서도 무겁다. 영광이자 상처. 바스키아는 그 모순을 있는 그대로 드러낸다.

이 해골은 바스키아 자신일 수도 있고, 그를 바라보는 관람자일 수도 있다. 혹은 어느 시대, 어느 공간에서든 '말하지 못한 자들'을 모아놓은 형상일 수도 있다. 그 형상은 정답을 주지 않는다. 오히려 보는 이를 응시한 채, 되묻는다. "당신은 누구인가?" 언어로 설명되지 않고, 사유로는 닿을 수 없는 자리에서 던져지는 그 질문은, 즉답보다 멈춤을 요구한다. 바스키아의 해골은 정지된 상징이 아니라, 살아 있는 물음이다.

> "나는 흑인 예술가가 아니라,
> 예술가다."
> - 장 미셸 바스키아

바스키아의 이런 질문 방식은 〈부처로서의 새(Bird as Buddha)〉(1984)에서도 이어진다. 전작들에서 자주 보였던 격렬한 단어와 상징들이 사라지고, 화면에는 단순한 얼굴 하나가 고요히 떠 있다. 푸른 바탕에 뚜렷하지 않은 붉은 윤곽선으로 둘러싸인 얼굴은 정형화된 부처도, 날개를 펼친 새도 아니다. 오히려 그 모호함이 우리를 멈춰 세우게 한다.

제목에 붙은 '새(Bird)'는 문자 그대로 하늘을 나는 존재일 수 있지만, 바스키아가 존경한 재즈 비밥(Bebop)의 거장 찰리 파커(Charlie Parker)를 위한 조용한 헌사일 수도 있다. 파커가 즉흥 연주로 음악의 질서를 흔들며 새로운 길을 열었던 것처럼, 바스키아 또한 그림 속에서 기존의 형상과 의미를 해체하고 낯선 자유를 실험했다. 'Bird'가 단순한 조류인지, 혹은 파커의 그림자인지는 확정하기 어렵지만, 적어도 이 단어는 머무르지 않고 흐르는 무주(無住) 존재를 상징한다고 볼 수 있다.

보는 이는 저도 모르게
해석하려는 마음을 내려놓고,
잠시 멈추어 선다.
"부처는 특별한 형상에 있는가,
아니면 지금 내 앞의
이 얼굴 속에도 있는가?"

누구나 마주해야 하는
죽음과 삶의 근본적 질문을
던지는 화두로 확장된다.
해골의 얼굴을 빌려, 우리 앞에
침묵하는 스승처럼 서 있다.
언어로는 설명되지 않지만,
보는 이를 멈추게 하고
질문하게 만든다.

이 작품에서 특히 눈길을 끄는 것은 왕관의 부재다. 바스키아는 앞서 작품에서 종종 흑인 음악가, 운동선수, 이름 없는 이들에게 왕관을 씌워 잊힌 존엄을 되찾아 줬다. 그러나 여기서는 왕관이 없다. 하지만 장식이 빠진 얼굴은 오히려 더 단단해 보이며, 무관(無冠)의 위엄을 드러낸다. 이는 진리가 이름이나 권위에 있지 않고, 공허 속에서 더 뚜렷해진다는 가르침을 상기시킨다. 어쩌면 이 작품은 설명을 거부하는 그림이다. 말이 사라진 자리에, 고요한 응시만이 남는다.

이전의 작품들이 강렬한 외침과 충돌로 관람자를 붙잡았다면, 이 그림은 침묵 그 자체로 질문을 던진다. 보는 이는 저도 모르게 해석하려는 마음을 내려놓고, 잠시 멈추어 선다. "부처는 특별한 형상에 있는가, 아니면 지금 내 앞의 이 얼굴 속에도 있는가?" 바스키아 또한 특정한 정체성으로 자신을 규정하려는 시도를 거부했다. "나는 흑인 예술가가 아니라, 예술가다." 이 선언처럼, 이 작품에 등장한 붓다의 얼굴은 특정한 누군가를 대표하지 않는다. 다만 익살스럽게 미소 짓고 있을 뿐. 그것은 인종도, 국적도, 이름도 넘어선 보편적 존재의 초상이다. 결국 이 작품은 단순한 종교적 이미지가 아니라, 성스러움과 평범함이 둘이 아님을 보여주는 하나의 화두다. 새처럼 흔적 없이 지나가고, 부처처럼 형상에 머물지 않는 존재. 바스키아는 이 간명한 형상을 통해 우리에게 되묻는다.

"당신은 부처를 어디에서 찾고 있습니까?"

보일 스님
AI 부디즘 연구소장. 해인사로 출가해 해인사승가대학을 졸업. 서울대 대학원 철학과에서 석사학위와 박사학위를 취득했다. 예술과 인공지능을 주제로 붓다의 지혜를 찾고 있다.

빛을 담은 항일 유산

2025. 08. 12 ~ 2025. 10. 12.
덕수궁 돈덕전 | 서울 중구
042-481-4912, 4913

일제의 엄혹한 지배라는 어둠 속에서도 빛을 좇아 미래를 열고자 했던 역사가 있다. 국가유산청이 광복 80주년을 맞아 '광복'이라는 빛을 향한 고난의 대장정을 되새겨주는 항일 문화유산을 모아 특별전을 열었다. 덕수궁 석조전 뒤편에 아늑하게 자리한 돈덕전 1층과 2층에서 볼 수 있는 이번 특별전은 개항기부터 대한제국, 일제강점기, 광복에 이르기까지 그 시대를 담은 항일 독립유산이 품고 있는 역사를 조명한다. '자주구국의 유산', '민중함성의 유산', '민족수호의 유산', '조국광복의 유산', '환국의 유산'의 총 5부로 구성된 전시에서는 전국 각지에 흩어져 있던 국가지정·등록문화유산을 포함한 항일유산 110여 점을 한자리에서 만나볼 수 있다. 특히 2024년 7월 일본에서 환수한 의병장들의 결사항전 기록인 〈한말 의병 관련 문서〉, 지난 4월 개인소장자가 경매를 통해 환수해 온 안중근 의사의 유묵 〈녹죽(綠竹)〉, 당시의 외교활동과 서양국가에 대한 인식 수준 등 다양한 역사적 상황을 살펴볼 수 있는 대한제국 주미공사 이범진의 외교일기 〈미사일록〉 등이 처음으로 국민에게 공개된다.

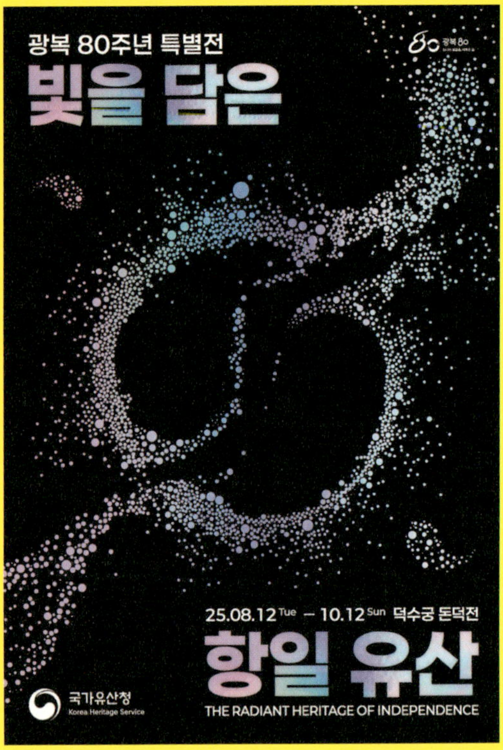

또한 최근 우원식 국회의장이 옷깃에 달아 화제가 됐던 태극기 배지의 원본이자, 우리나라 사찰에서 최초로 발견된 일제강점기의 태극기로, 불교계 등 다양한 계층에서 주도한 독립운동의 양상과 강한 항일의지를 보여주는 유물인 보물 〈서울 진관사 태극기〉가 1층 전시실 2부 공간에 벽면을 가득 채운 진관사 대웅전 사진을 배경삼아 자리잡고 있다.

전시 기간동안 부산 근현대역사관, 광주 역사 민속박물관, 울산박물관, 목포근대역사관 등 총 4개의 지역 박물관에도 전시부스를 설치해, 이번 특별전을 전국 곳곳에서도 관람할 수 있다.

- **운영시간** **화-일요일 09:00~17:30**
- **휴무일** **월요일**
- **관람요금** **1,000원 (덕수궁 입장료)**

김구 서명문 태극기(보물).

진관사 태극기(보물).

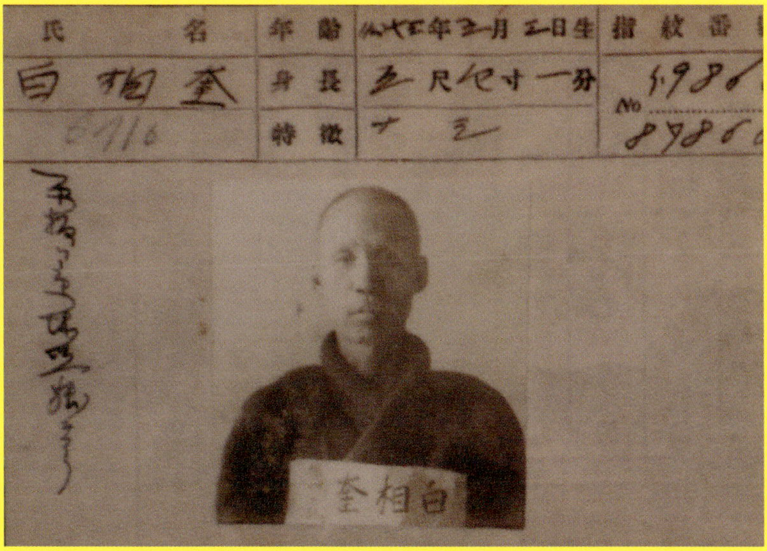

〈일제 감시대상 인물카드〉에 남은 독립운동가 백용성 스님의 모습.

사명당 유정 대선사, 선필禪筆로 만나다

2025. 07. 12 ~ 2025. 10.19
월정사 성보박물관 기획전시실 | 강원 평창
033-339-7000

조선 중기 고승이자 승병장, 외교 사절, 서예가로 활동한 사명당 유정(惟政, 1544~1610) 대선사는 오대산에 주석하며 폐허가 된 월정사의 중창불사(1587~1590)를 주도하고, 오대산 사고 건립에도 깊은 영향을 미쳤다고 전해진다. 이번 전시에서는 사명대사의 월정사 중수 435주년을 기념하여 무(武)와 문(文), 수행과 실천을 아우른 조선 불교의 대표적 선승(禪僧)의 삶과 정신세계를 대사의 선필(禪筆)을 중심으로 조명한다.

사명대사의 모습이 담긴 진영, 지니고 다닌 것으로 전하는 원불, 대사의 글이 담긴 전적과 현판을 비롯해 친필과 영인된 묵적 등 약 40점의 유물을 전시한다. 다양한 형태로 현재까지 전해지는 대사의 선과 선필, 그리고 선(禪)의 수행자였던 선사의 가르침을 한자리에서 볼 수 있고, 그간 공개되지 않았던 개인 소장자의 컬렉션도 나올 예정이다.

이 중 〈불심종조달마원각대사〉는 2024년 10월, 400년만에 한 개인의 기증으로 국내로 돌아온 유묵으로, 글씨에 뛰어나 선승 부휴선수(浮休善修, 1543~1615)와 더불어 불교계의 명필 '이난(二難)'으로 추앙받기도 했던 대사의

해서체가 돋보이는 작품이다.

'월정사 중창과 오대산사고', '선사의 붓끝, 문인의 향기', '붓으로 평화를 이끌다', '시대를 넘어 계승되는 사명대사의 정신' 등 총 4부로 구성된 이번 전시는 선 수행자이자 뛰어난 서예가, 임진왜란과 정유재란 당시 승병을 이끌었던 호국불교의 실천인, 일본과의 평화 교섭을 주도했던 외교 사절 등 사명대사의 다양한 면모를 보여준다.

- **운영시간** **화-일요일 09:30~17:30**
  (하절기 기준)
- **휴무일** **월요일**
- **관람요금** **무료**

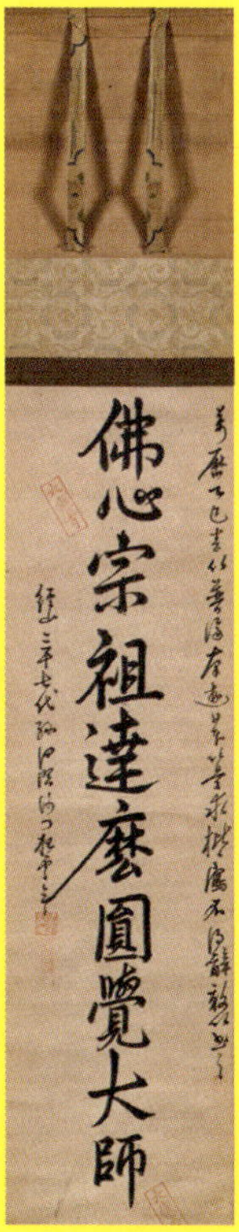

〈불심종조달마원각대사〉, 1605, 월정사성보박물관.

은해사 백흥암 고승진영 중 사명대사 진영, 조선, 은해사성보박물관.

고대 인도: 살아있는 전통

Ancient India: living traditions
2025. 05. 22 ~ 2025. 10. 19
대영박물관(British Museum) | 영국 런던

2,000여 년 전 고대 인도로 거슬러 올라가 불교, 힌두교, 자이나교 예술의 기원과 확산, 변화를 탐구한다. 인간의 모습으로 부처를 묘사하기 이전의 상징인 불족적부터 힌두교 예술에 통합된 우주 뱀, 자이나교의 깨달은 스승을 모시는 자연의 정령까지 현대인의 삶 속에서 살아 숨쉬는 전통 뒤 숨겨진 고대의 이야기를 들려주는 전시. 기획 단계에서부터 불교, 힌두교, 자이나교 신자들로 구성된 자문단이 참여해 전시 해설 및 유물의 배치 등 디테일에 심혈을 기울였다. 약 1세기경 제작된 〈비마란 금제사리구〉와 8세기경 중국의 비단 불화 등 대영박물관의 남아시아 컬렉션에 더해 다양한 소장처에서 대여한 조각, 회화, 그림, 필사본 등 180여 점의 유물을 선보인다.

송·원 불화-바다를 건넌 부처들

宋元仏画-蒼海を越えたほとけたち
2025. 09. 20 ~ 2025. 11. 16
교토국립박물관(京都国立博物館) | 일본 교토

헤이안시대(794~1185) 후기부터 가마쿠라시대(1185~1333)까지 직접 교역을 통해 일본으로 들어온 송(宋)나라와 원(元)나라의 뛰어난 회화 작품들 중에서도 불화를 중심으로 소개한다. 〈공작명왕상〉(국보)과 남송(南宋, 1127~1279)을 대표하는 선승 목계(牧谿)의 〈관음원학도〉(국보) 등 불화와 불상, 경전 170여 점을 전시하며, 같은 시기의 고려 불화와 경전 또한 약 20점이 포함돼 있다. 특히 교토 묘만지에서 소장중인 화문한서(畵文韓署)의 화원 이성(李晟) 작 〈미륵하생경변상도(彌勒大成佛經變相圖)〉가 수리를 마치고 최초로 공개될 예정. 10월 20일을 기점으로 전시품 교체가 이뤄져, 전기(9/20~10/19)나 후기(10/21~11/16)에만 볼 수 있는 작품이 있을 예정이다. 전시품 목록 등 자세한 사항은 홈페이지(https://sougenbutsuga.com) 참고.

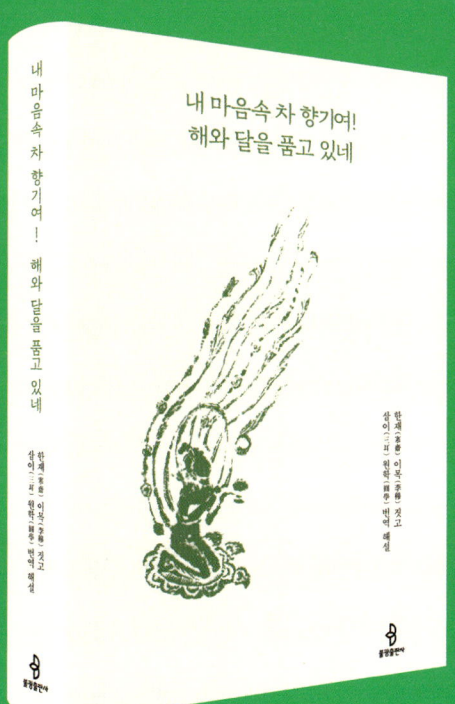

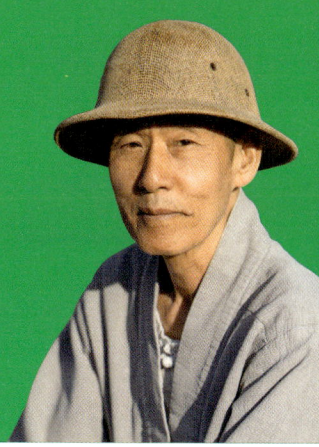

홀연히 깨어나는 신심명

『신심명』은 우리가 겪는 갈등과 고통의 근원을 단숨에 꿰뚫는 불멸의 고전이다. 146구 584자라는 짧은 글에 팔만대장경과 1,700 공안을 압축했다고 평가받는 문헌으로, 선문(禪門)에서는 반드시 읽어야 하는 선어록(禪語錄)으로 깨달음을 노래한 오도송(悟道頌)의 표준이자 선의 나침반이라 여겨진다. 선방 수좌로 치열하게 수행하며 나와 세상의 본질에 대해 끊임없이 질문해온 원제 스님이 이번엔 『신심명』에서 답을 찾는다. 모든 일상을 수행의 계기로 삼는 스님의 시선은 '깨달음은 멀리 있는 게 아니라 우리 곁에 있다'는 사실을 새삼 일깨운다. '일상의 깨달음'을 찾고 싶은 이들에게 이 책은 가장 분명한 출발점이자 마음의 핵심으로 다가가는 결정적 힌트가 될 것이다. 말이 가벼워진 시대, 중심을 세우고 싶은 이들을 위한 단단한 문장이자 가장 직접적이고 실제적인 수행서.

원제 지음 | 불광출판사 | 312쪽 | 20,000원

마음고요 만다라 컬러링

'만다라 컬러링 100' 시리즈의 네 번째 책으로, 다양한 난이도와 다양한 형태의 만다라 100가지가 골고루 수록된 컬러링 북이다. 명상 카툰 작가이자 만다라 그림작가인 저자가 마음공부의 한 방법으로 그리고 채색한 만다라 도안 가운데 100가지 도안을 골라 수록했다. 특히 몇몇 도안에는 저자의 채색본을 나란히 배치해 만다라를 어떻게 시작해야 할지 모르는 이들도 시작해보려는 마음을 쉽게 낼 수 있도록 했다. 저자가 정성스럽게 창조해낸 세상 단 하나뿐인 만다라를 나만의 방법으로 채색하다 보면 출렁이는 감정과 생각 대신 평온하고 고요한 마음에 다다른 나를 발견할 수 있을 것이다.

용정운 지음 | 불광출판사 | 144쪽 | 19,000원

과학을 좋아하는 사람들을 위한 반야심경

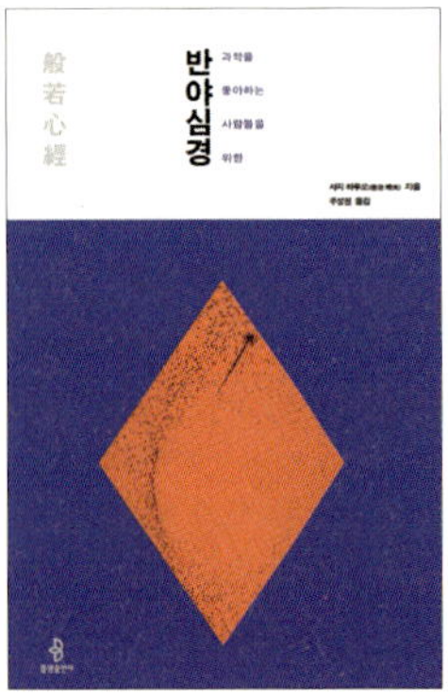

우리의 몸은 수십조 개의 세포로 이루어져 있지만, 하룻밤 사이에도 세포는 수천억 개씩 교체된다. 물질로서의 나는 끊임없이 변하는데, 왜 나는 여전히 '나'일 수 있을까? 우리가 알고 있는 '나'는 정말 내가 맞을까? 우리는 스스로의 의지로 살아간다고 생각하지만 숨 쉬는 것, 음식을 소화시키는 일, 마음의 움직임조차도 마음대로 할 수 없다. NASA 보이저 프로젝트에 참여한 천체물리학자는 '나'는 '나 아닌 것'으로 이루어져 있으며, 우주의 모든 존재는 상호 의존적 존재임을 설명한다. 이는 『반야심경』의 핵심인 '공' 사유와도 연결된다. 저자는 과학과 불교의 접점에서 우주와 인간의 깊은 연결고리를 연구하며 도출한 행복한 삶의 공식을 이 책에 담았다. 불교를 알든 모르든, 이 책은 삶을 온전히 살아가는 지혜를 얻는 가장 확실한 방법이 되어줄 것이다.

사지 하루오 지음 | 주성원 옮김 | 불광출판사 | 240쪽 | 18,000원

역대법보기 강설

현 해인총림 10대 방장이자 이 시대 정법안장(正法眼藏)의 계승자, 한국불교의 큰 스승으로 손꼽히는 학산 대원 대종사의 『역대법보기 강설』은 2022년부터 2년간 진행된 학산 대원 대종사의 《역대법보기(曆代法寶記)》 강설 법회 내용을 엮은 책이다. 《역대법보기》는 석존(釋尊)에서 혜능(慧能)까지 33조사(祖師)와 지선(智詵), 처적(處寂), 무상(無相), 무주(無住)로 이어지는 전등(傳燈)의 역사, 그리고 선법(禪法)을 다룬 초기 선종의 중요 사료이다. 삼구설법의 가르침을 비롯해, 부처님부터 역대 조사로 이어진 정법의 원류를 학산 대원 대종사의 생생한 법음(法音)으로 전한다. 서역 조사들의 계보만을 밝힌 《역대법보기》의 단점을 보완하기 위해, 《경덕전등록》 중 1조 마하가섭부터 29조 혜가까지 부분도 실어 독자들이 사자상승의 상세한 내용을 살펴볼 수 있도록 했다.

학산 대원 대종사 강설 | 불광출판사 | 656쪽 | 60,000원

인연 아닌 사람은 있어도 인연 없는 사람은 없다

요즘 가장 '핫'한 스님이 누구냐고 묻는다면 단연 묘장 스님이다. 스님은 〈나는 절로〉, 〈청년밥心〉, 〈부처님 생신 카페〉 등 전에 볼 수 없던 참신한 프로그램을 연이어 히트시키며 불교계를 넘어 전 국민의 마음을 사로잡는 트렌드세터(trend-setter)로 급부상했다. 특히 20~30세대에게 열렬한 지지를 받으며 'MZ 친화형 스님', '힙한 불교의 프로듀서', '본캐는 스님 부캐는 커플 매니저' 등 재미난 별명이 생겨나기도 했다. 부처님의 가르침으로 사람들의 어려움을 보살피되, 낡은 방식이 아닌 젊고 따뜻한 감각으로 다가가는 묘장 스님만의 '근거 있는 힙(Hip)'함의 원천은 무엇일까? 이 책에 그 해답이 담겨 있다. 묘장 스님이 들려주는 삶의 기술을 따라 오늘 하루도 근거 있게 행복해 보자.

묘장 글, 소리여행 그림 | 불광출판사 | 222쪽 | 18,000원

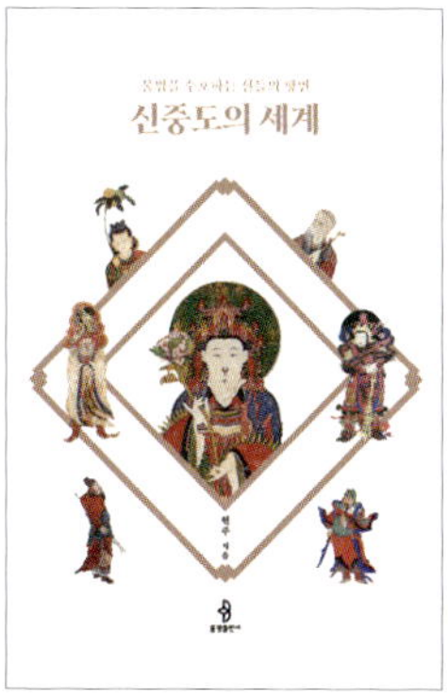

불법을 수호하는 신들의 향연

신중도의 세계

불법(佛法)을 수호하는 신중(神衆)들로만 구성된 불화인 신중도(神衆圖)에 대한 최초의 연구서! 불화 공부를 본격적으로 시작할 때부터 일관되게 신중도만을 탐구해 온 저자가 그동안 축적해 온 연구 성과를 이 한 권에 정리했다. 우리나라 신중신앙과 그 영향으로 탄생한 신중도는 중국이나 일본 등에서는 유례를 찾기 어려운 독자적인 전통이다. 저자는 이 책에서 우리나라 신중신앙의 성립과 전개 과정에 대한 탐구를 시작으로, 신중도의 성립 과정을 다양한 시각에서 접근하며, 신중도에 나타나는 여러 도상의 수용과 변용 양상을 분석해 조선시대 신중도를 입체적으로 규명한다.

현주 지음 | 불광출판사 | 504쪽 | 35,000원

천년사찰 힐링숲길 걷기명상

여태동 지음 | 시간여행 | 248쪽 | 18,000원

10여 년 전 불교신문에서 〈여태동 기자, 사찰 숲길을 거닐다〉라는 연재명으로 저자가 전국 사찰에 있는 숲을 걸으며 명상한 소회의 글을 한 권의 책으로 묶었다. 계절별로 걷기 좋은 22곳의 사찰 숲길을 생생한 사진과 함께 소개한다. 꼭지 끝마다 각 사찰 숲길에서 시도해볼 수 있는 걷기 명상 팁과 숲길 약도를 제시해, 친절한 가이드 같은 책이다.

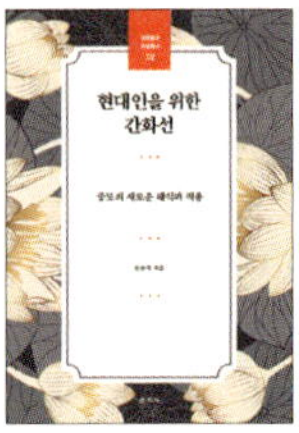

현대인을 위한 간화선

오용석 지음 | 운주사 | 328쪽 | 23,000원

우리는 외면적인 성공과 만족을 추구하지만, 한편으로 내면 깊은 곳에서는 삶의 진정한 의미와 가치를 찾기 위한 갈망을 느낀다. 이 책은 바로 이러한 현대인의 삶에 깊은 성찰을 제시하고자 한다. '간화선'을 중심으로 전통적인 간화선 수행법을 현대적 관점에서 재조명하며, '중도'라는 불교의 핵심 철학을 현대인에게 적용하는 실질적인 방법을 서술한다.

그림자가 하는 말

현담 지음 | 기적의 마을책방 | 176쪽 | 18,000원

현담 스님은 1970~80년대 민중불교운동의 맨 앞에서 치열하게 구체제와 맞선 동시에, 감수성 있는 예민한 정서의 시로 1978년 『문학사상』을 통해 등단했다. 이번 시집에서 스님은 인공지능과 전쟁의 시대에 "제정신을 다시 찾자", "모두를 경배하고 감사하는 노래를 불러보자"고 깨어 있는 생명의 여행시를 읊는다.

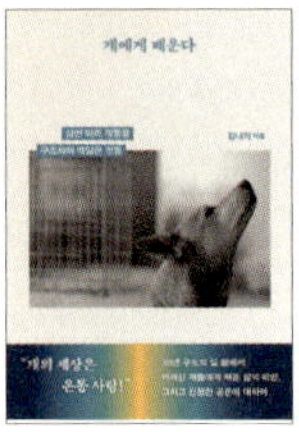

개에게 배운다

김나미 지음 | 판미동 | 228쪽 | 17,000원

스탠포드대 종교학과 연구원, 한신대 종교학과 초빙교수를 지낸 종교학자가 돌연 유기견 보호소를 설립해 3,000마리의 개들을 구조하면서 얻은 삶의 깨달음을 담았다. 저자가 만난 개들은 거리와 개농장, 도살장에서 가까스로 목숨을 건진 학대받은 영혼들이다. 그러나 보살핌을 받는 유약한 대상으로만 존재하지 않고, 오히려 사람에게 깊은 위로와 사랑을 건넨다. 뿐만 아니라 조건 없는 베풂, 온전한 현존, 무소유의 행복, 진정한 인간다움을 몸소 보여 준다.

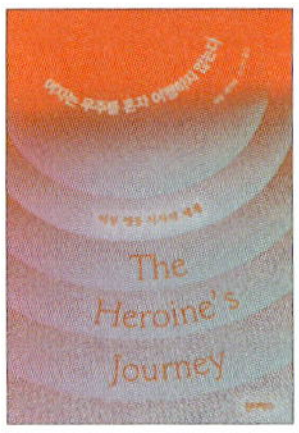

여자는 우주를 혼자 여행하지 않는다

게일 캐리거 지음 | 송경아 옮김 | 원더박스 | 368쪽 | 20,000원

여자가 주인공이기만 하면 여성 영웅의 서사가 될까? 이 책은 여성 영웅의 서사는 남성 영웅의 서사와 깊은 차원에서 근본적으로 다르며 고유한 구조와 전통이 있음을 보여준다. 여성 영웅은 영광, 승리, 복수가 아니라 연대와 회복을 추구하며, 서로를 돕고 의지하며 더 강해진다. 저자는 유쾌하고 발랄한 어조로 지금 우리에겐 외롭고 쓸쓸한 남성 영웅의 길보다 여성 영웅의 길이 더 필요하다고 제안한다.

깨꽃이 되어

이순자 글 | 고정순 그림 | 원더박스 | 40쪽 | 16,800원

"니 나 죽을 때까지 여그 살어라, 살어라, 살어라, 알았제?" 시골 생활 해 보겠다고 마련한 열 평짜리 낡은 집에서, 예순 살 먹은 나와 아흔을 넘긴 노부부가 피워 낸 고순 냄새 풍기는 정다운 이웃살이. 2022년 서점인이 뽑은 올해의 책 『예순 살, 나는 또 깨꽃이 되어』의 대표작 「은행나무 그루터기에 깨꽃 피었네」와 고정순 작가의 따스한 그림이 만나 태어난 그림책.

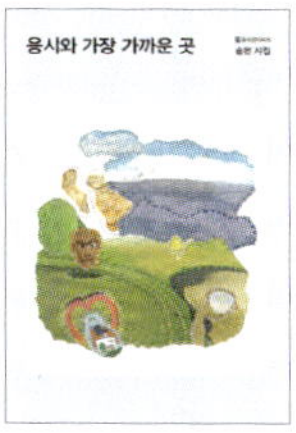

응시와 가장 가까운 곳

승한 지음 | 몰개 | 148쪽 | 12,000원

승한은 안과 밖, 내부와 외부, 있음과 없음, 색(色)과 공(空)의 개념을 주된 모티프로 삼아서 진리와 깨달음의 세계에 천착해온 승려시인이다. 승한 시인의 다섯 번째 시집 『응시와 가장 가까운 곳』은 존재와 비존재에 대한 곡진한 시편으로 가득하다. "번개가 치는 듯한 파격을 선보이면서도 원형의 세계를 꿈꾸는 이 걸출한 시집"은 우리에게 사바세계의 본질을 깨닫게 해준다.

한 권으로 읽는 인간의 죽음

최준식 지음 | 한울엠플러스 | 320쪽 | 27,000원

'죽음을 어떻게 준비할 것인가'에 초점을 맞추는 많은 죽음학 책과 달리, 이 책의 저자는 '삶을 이해하기 위해 죽음을 공부한다'는 시선으로 접근한다. 세계의 다양한 사례를 통해 죽음과 죽음을 맞이하는 자세, 주변인, 영혼, 사후세계, 카르마 법칙 등 죽음학을 광범위하게 검토하며 알기 쉽게 논하고, 나아가 현재 우리가 사는 삶은 죽음과 사후 세계, 환생이라는 생의 전체 맥락 속에서 관조해야 그 의미를 찾을 수 있음을 이야기한다.

어느 교실의 멜랑콜리아

박상아 지음 | 북트리거 | 232쪽 | 16,800원

저출생과 인구 감소에 대한 경고도 어느새 익숙하게 느껴지는 오늘. 하지만 정작 이 땅에 이미 태어난 아이들, 특히 어른들의 관심과 제도적 보호에서 소외된 어린이들은 어떻게 살아가고 있는가. 20대 초등교사가 5년간 교육 현장에서 마주한 어린이들의 삶을 통해 한국 사회의 불평등과 돌봄의 사각지대를 조명하는 교육 에세이. 아이들을 위한 책인 동시에, 아이들을 맞이하고 보살펴야 할 사회와 어른들을 위한 책이다.

이스라엘 팔레스타인 분쟁의 아주 짧은 역사

일란 파페 지음 | 유강은 옮김 | 교유서가 | 203쪽 | 17,000원

이스라엘의 역사학자 일란 파페는 이스라엘의 잔인성과 이기주의, 이웃 국가를 전혀 돌아보지 않고 오로지 자국의 이익만을 추구하는 정책 등을 통렬히 비판해왔다. 이러한 맥락을 잇는 파페의 최신작은 이스라엘과 팔레스타인의 충돌이 언제 어떻게 시작되어 현재의 살상과 참상으로 이어졌는지, 우리는 어떤 눈으로 이 참혹한 역사를 바라봐야 하는지, 역사적 사실을 근거로 날카로운 통찰을 제공한다.

우리는 나라를 회복할 것입니다

김구 외 지음 | 창비 | 248쪽 | 17,000원

김구, 안중근, 윤희순, 한용운 등 대표적인 독립투사들은 계급과 성별, 종교와 사상이 서로 달랐지만 나라를 회복하겠다는 한마음으로 자신의 삶을 불태웠다. 광복 80주년을 기념해 그 역사를 되새기고자 독립투사 45인의 어록을 모았다. 교과서에서 딱딱하게만 접해온 독립운동가들의 육성을 직접 읽으며 광복 80주년의 의미를 생각해보고, 1945년 8월 15일 그 순간 우리 민족 전체가 느꼈을 충만한 기쁨을 상상해보자.

천국에 염라가 산다

이담 지음 | 사회평론주니어 | 220쪽 | 14,500원

차기 염라대왕을 꿈꾸는 열여섯 영혼 라희의 이야기를 다룬 SF 판타지. 사회평론 주최 제1회 어린이·청소년 스토리대상의 청소년 부문 우수상 수상작인 이 책은 저승과 윤회, 염라대왕과 같이 익숙한 소재를 차용하면서도, 저승의 영혼 과밀화로 인한 메타저승의 등장, 영혼의 데이터 업로딩, 임기제 염라대왕 등 현대에 맞춰 변화한 새로운 저승 세계를 선보인다.

월간「불광」, 나누고 함께하면 행복이 커집니다

전국에는 군법당 128곳, 병원 414곳, 교정기관 58곳, 대학교(대불련) 100여 곳이 있습니다.
이 중 월간「불광」을 받는 곳은 100여 곳(14%)에 불과합니다.
월간「불광」은 문서 포교의 시발점이자 불교 대중화의 선두에 있습니다.
불교 안팎의 모든 이들에게 도움이 되는 삶의 지혜와 감동을 전할 수 있도록
불자님들의 후원을 기다립니다.

정기후원　　지정·미지정　　월 9,000원(1년 108,000원)

• 후원처를 희망하시는 곳으로 지정할 수 있습니다.
• 일시후원 및 기업후원은 문의 바랍니다.

전화 02-420-3200　　온라인 www.bulkwang.co.kr

계좌번호 신한은행 140-011-217220 또는
농협 301-0420-3200-71 (예금주 (주)불광미디어)

단체구독

150부 거제불교거사림회 • 50부 범어사 주지 정오스님, 불광한의원 도광스님 • 40부 금강정사 • 34부 화계사 주지 우봉스님 • 30부 성주사 주지 법안스님, 황룡원 • 25부 불광사 주지 동민스님 • 20부 보현사 주지 진효스님 • 12부 금선사 주지 현장스님 • 11부 보덕사 주지 정안스님, 정호스님 • 10부 동명사 회주 지명스님, 법련사 주지 진경스님, 보문사 주지 선조스님, 불광정사 주지 지암스님, 영화사 주지 평중스님, 파계사 주지 법준스님, 화광사 주지 학륜스님, 홍천사 회주 금곡스님 • 6부 공생선원장 무각스님 • 5부 서울노인복지센터, 천불사 주지 동일스님 • 3부 월정사 주지 정념스님, 정암사 주지 상운스님, 천은사 동은스님, 통일정사 주지 무애스님, 동국대학교 사범대학 부속 가람중학교, 동국대학교출판문화원, 해동고등학교 • 2부 금산사 템플스테이, 금정중학교, 도리사 회주 법등스님, 등명낙가사 주지 청우스님, 삼선암 혜조스님, 선덕사 주지 담준스님, 선운사 주지 경우스님, 세종전통문화체험관, 송광사 템플스테이, 증심사 주지 중현스님

월간「불광」보내기 후원자

60부 금강정사 • 50부 범어사 주지 정오스님 • 40부 김현철, 이형욱, 임유정.이현종 • 39부 보덕학회 • 20부 낙산사 주지 일념스님, 화엄사 주지 우석스님, 이서현, 이정민, 조원호 • 19부 청량사 주지스님 • 18부 김은희 • 12부 백주란 • 10부 공생선원장 무각스님, 도갑사 주지 수관스님, 전등사 회주 장윤스님, 제주 신광사, 진관사 주지 법해스님, 해동용궁사 주지 덕림스님, 화엄경보현행원, 류지호, 이갑기·소순열 • 9부 김영숙 • 8부 삼성암 주지 세민스님, 김동조 • 6부 화엄사 빛고을포교원 주지 연성스님, 김동철, 김용수, 서희손, 원경연, 최창원 • 5부 김형남 • 4부 장미일 • 3부 서봉스님, 공영주, 김미선, 김희정, 박수화, 신인하, 양동민, 이미령, 정원규, 정재현, 조인영, 차정미, 한상호(김선희) • 2부 만성스님, 청명스님, 김수천, 김주석, 김준섭, 김홍월, 노정신, 박선영, 박양애, 박종옥, 박종은, 서현정, 안병주, 양경자, 오명희, 윤정안, 주연호, 최경란, 최민석, 허균, 허은창, 홍종수 • 1부 선재스님, 정운스님, 강상임, 강은실, 구광국, 구연숙, 권순덕, 김명환, 김상엽, 김세희, 김영해, 김은수, 김준수, 김현영, 김희자, 박금진, 박동엽, 박양애, 박제일, 박정현, 박찬욱, 박찬희, 박현주, 배춘상, 백용구, 복병학, 석경란, 성명숙, 신현배, 심원섭, 안상민, 오송자, 오연숙, 오영원, 원정희, 유근자, 윤소년, 이기선, 이덕규, 이만혜, 이영옥, 이재숙, 이정민, 이정하, 이주현, 이중희, 이지영, 임동욱, 장선자, 장성원, 장효정, 전나미, 정광열, 정성희, 정호경, 정희원, 조경숙, 조남연, 조정임, 조지형, 좌정훈, 진영순, 최숙경, 최철환, 허종범

월간 「불광」, 나누고 함께하면 행복이 커집니다

전국에는 군법당 128곳, 병원 414곳, 교정기관 58곳, 대학교(대불련) 100여 곳이 있습니다.
이 중 월간 「불광」을 받는 곳은 100여 곳(14%)에 불과합니다.
월간 「불광」은 문서 포교의 시발점이자 불교 대중화의 선두에 있습니다.
불교 안팎의 모든 이들에게 도움이 되는 삶의 지혜와 감동을 전할 수 있도록
불자님들의 후원을 기다립니다.

정기후원	**지정·미지정**	**월9,000원(1년 108,000원)**

- **후원처를 희망하시는 곳으로 지정할 수 있습니다.**
- **일시후원 및 기업후원은 문의 바랍니다.**

전화 02-420-3200　　온라인 www.bulkwang.co.kr

계좌번호 **신한은행 140-011-217220** 또는
농협 301-0420-3200-71 (예금주 (주)불광미디어)

단체구독

150부 거제불교거사림회 • 50부 범어사 주지 정오스님, 불광한의원 도광스님 • 40부 금강정사 • 34부 화계사 주지 우봉스님 • 30부 성주사 주지 법안스님, 황룡원 • 25부 불광사 주지 동민스님 • 20부 보현사 주지 진효스님 • 12부 금선사 주지 현장스님 • 11부 보덕사 주지 정안스님, 정호스님 • 10부 동명사 회주 지명스님, 법련사 주지 진경스님, 보문사 주지 선조스님, 불광정사 주지 지암스님, 영화사 주지 평중스님, 파계사 주지 법준스님, 화광사 주지 학륜스님, 홍천사 회주 금곡스님 • 6부 공생선원장 무각스님 • 5부 서울노인복지센터, 천불사 주지 동일스님 • 3부 월정사 주지 정념스님, 정암사 주지 상운스님, 천은사 동은스님, 통일정사 주지 무애스님, 동국대학교 사범대학 부속 가람중학교, 동국대학교출판문화원, 해동고등학교 • 2부 금산사 템플스테이, 금정중학교, 도리사 회주 법등스님, 등명낙가사 주지 청우스님, 삼선암 혜조스님, 선덕사 주지 담준스님, 선운사 주지 경우스님, 세종전통문화체험관, 송광사 템플스테이, 증심사 주지 중현스님

월간 「불광」 보내기 후원자

60부 금강정사 • 50부 범어사 주지 정오스님 • 40부 김현철, 이형욱, 임유정.이현종 • 39부 보덕학회 • 20부 낙산사 주지 일념스님, 화엄사 주지 우석스님, 이서현, 이정민, 조원호 • 19부 청량사 주지스님 • 18부 김은희 • 12부 백주란 • 10부 공생선원장 무각스님, 도갑사 주지 수관스님, 전등사 회주 장윤스님, 제주 신광사, 진관사 주지 법해스님, 해동용궁사 주지 덕림스님, 화엄경보현행원, 류지호, 이갑기·소순열 • 9부 김영숙 • 8부 삼성암 주지 세민스님, 김동조 • 6부 화엄사 빛고을포교원 주지 연성스님, 김동철, 김용수, 서희손, 원경연, 최창원 • 5부 김형남 • 4부 장미일 • 3부 서봉스님, 공영주, 김미선, 김희정, 박수화, 신인하, 양동민, 이미령, 정원규, 정재현, 조인영, 차정미, 한상호(김선희) • 2부 만성스님, 청명스님, 김수천, 김주석, 김준섭, 김홍월, 노정신, 박선영, 박양애, 박종옥, 박종은, 서현정, 안병주, 양경자, 오명희, 윤정안, 주연호, 최경란, 최민석, 허균, 허은창, 홍종수 • 1부 선재스님, 정운스님, 강상임, 강은실, 구광국, 구연숙, 권순덕, 김명환, 김상엽, 김세희, 김영해, 김은수, 김준수, 김헌영, 김희자, 박금진, 박동엽, 박양애, 박제일, 박정현, 박찬욱, 박찬희, 박현주, 배춘상, 백용구, 복병학, 석경란, 성명숙, 신현배, 심원섭, 안상민, 오송자, 오연숙, 오영원, 원정희, 유근자, 윤소년, 이기선, 이덕규, 이만혜, 이영옥, 이재숙, 이정민, 이정하, 이주현, 이중희, 이지영, 임동욱, 장선자, 장성원, 장효정, 전나미, 정광열, 정성희, 정호경, 정희원, 조경숙, 조남연, 조정임, 조지형, 좌정훈, 진영순, 최숙경, 최철환, 허종범